公共体育设施布局
与休闲体育空间耦合研究

石 振 国 ◎ 著

Research on the Coupling of
Public Sports Facilities Layout and
Leisure Sports Space

中国社会科学出版社

图书在版编目（CIP）数据

公共体育设施布局与休闲体育空间耦合研究／石振国著.—北京：中国社会
科学出版社，2023.5
ISBN 978 - 7 - 5227 - 1861 - 3

Ⅰ.①公…　Ⅱ.①石…　Ⅲ.①体育器材—城市公用设施—公共服务—
研究—中国②城市—休闲体育—空间结构—研究—中国　Ⅳ.①G818.3
②G812.4

中国国家版本馆 CIP 数据核字（2023）第 076428 号

出　版　人	赵剑英
责任编辑	黄　晗
责任校对	王玉静
责任印制	王　超

出　　版	中国社会科学出版社
社　　址	北京鼓楼西大街甲 158 号
邮　　编	100720
网　　址	http://www.csspw.cn
发 行 部	010 - 84083685
门 市 部	010 - 84029450
经　　销	新华书店及其他书店

印　　刷	北京明恒达印务有限公司
装　　订	廊坊市广阳区广增装订厂
版　　次	2023 年 5 月第 1 版
印　　次	2023 年 5 月第 1 次印刷

开　　本	710 × 1000　1/16
印　　张	12.75
字　　数	201 千字
定　　价	68.00 元

凡购买中国社会科学出版社图书，如有质量问题请与本社营销中心联系调换
电话：010 - 84083683

前　　言

　　中国经济社会正经历着深刻而复杂的变革，社会转型加快了城市化改革的进程，城市空间在不断的重构过程中发生着重大变化，这必然对城市居民的生活和行为产生重要影响。随着居民可支配收入的增长、休闲时间的增多，特别是追求高质量生活品质的美好愿望与日俱增，人们的休闲生活方式正趋向于多样化和个性化发展，惬意闲适的健康生活成为时下人们追求的生活目标之一。然而，新的社会矛盾提示我们，在社会发展的众多领域存在较为严重的"供需"矛盾，而这些矛盾恰恰是人们实现美好生活愿望的羁绊。

　　公共体育设施是实现体育公共服务的基础条件，是居民参与休闲体育活动的物质载体。当前，中国城市居民日益增长的体育健身需求与公共体育设施供给不足之间的矛盾日渐显现，除公共体育设施资源总量先天不足外，更重要的原因是公共体育设施规划布局不合理导致的公共体育空间分配不均、重复建设以及闲置浪费等情况造成的，这种供需矛盾正是影响人们追求惬意休闲体育生活的症结所在。科学规划与合理布局公共体育设施，加强和改善公共体育设施资源配置，既是政府履行公共服务职能的重要内容，也是解决居民追求高质量生活品质阻滞困境的举措之一。因此，探寻二者之间的科学耦合机制，既可以拓展中国公共体育服务体系的理论研究视野，也是实现全民健身国家战略、实现建设健康中国和体育强国目标等的必然选择。由于资料和数据的可得性，本书所指"公共体育设施布局"为城市公共体育设施布局，"休闲体育空间"为居民休闲体育生活空间。

　　由此，本研究通过查阅文献资料、问卷调查、专家访谈、ArcGIS 分析、系统仿真等方法，以公共体育设施布局与休闲体育空间的耦合机制为研究对象，以公共体育设施布局"供给"和居民休闲体育生活"需求"为调查对象，以国家、省、市群体管理部门的管理者以及该领域的专家、学者为访谈对象，在已有研究成果的基础上，立足于理论探索与实践研究相结合，运用休闲学、经济学、管理学、人文地理学、城市规划学等学科理论，从人居环境学的视角，对公共体育设施布局与休闲体育空间相关内容及其相互关系展开理论分析，并借助系统仿真学原理，构建了公共体育设施布局与休闲体育空间耦合机制分析框架，最终提出了优化公共体育设施布局与休闲体育空间耦合的实施路径。通过研究，得出了如下结论：

（1）公共体育设施布局问题受到国内外学者的广泛关注，论文等研究成果数量呈波浪式增长。国内研究内容主要集中在公共体育设施布局理论、政策等相对宏观的层面；国外研究内容更具实用性，研究人群更为具体化。国内多从体育学的角度进行研究，缺乏一定的理论基础；国外研究虽已经拓展到其他领域，但尚未能构成系统理论体系；国内研究方法主要以文献研究、调查研究、模型研究等为主，国外研究方法呈现多种研究方法交叉使用的特点。

（2）公共体育设施布局研究的理论依据较多，既包括与其他公共设施整体规划相一致的系统理论，也包括城市公共体育设施布局的空间结构理论、人居环境理论、休闲体育理论、休闲体育经济理论、居民休闲体育行为的"场环境"理论。上述理论为公共体育设施布局和休闲体育空间耦合的研究提供了可行性。

（3）根据案例研究，从公共体育设施布局与休闲体育空间的物理表征分析，无论是在公共体育场地设施的规划与布局方面，还是在公共体育场地服务供给方面，济南市政府提供的公共体育场地设施及其服务均达不到国家相关标准的要求；从心理表征看，济南市居民对公共体育设施空间的总体满意度存有差异；从空间效应看，济南市公共体育场地设施体系结构不合理、空间分布不均、利用率低。

（4）影响公共体育设施布局的因素较多，硬性指标主要包括土地供应、资金渠道、物理空间三个方面，软性指标主要包括政策法规、居民主观需求两个方面；影响公共体育设施布局与休闲体育空间深度耦合的阻滞因素主要包括：供需结构失衡、制度体系缺失、运行管理滞后、协同治理欠缺等。

（5）耦合机制的本质是公共体育设施布局与休闲体育空间的匹配关系。以"纵向分层，横向分类"的指导思想，遵循科学严谨、公平公正等原则，可以构建形成包括设施概况、设施使用、设施交通、设施规划4个领域和布局状况、设施数量、设施功能等18个具体指标的耦合机制体系和耦合机制模型；形成公共体育设施与休闲体育空间的耦合，应构建形成政府主导、部门协同、社会参与、居民融入的耦合机制。

（6）运用系统动力学的理论和方法，构建了公共体育设施布局与休闲体育空间耦合机制的系统动力学模型，通过系统仿真检验了各要素变化对耦合机制效果的影响。地理环境、布局政策、维护管理和使用服务干预三个要素，均能带来高于1%的耦合指数水平提升。系统仿真显示，使用服务、布局政策、维护管理干预实现的可行性较高，从这三个要素干预仿真结果整体来看，整个周期使用服务干预的效果较为显著，后期的提升策略可以从强化使用服务角度入手。

（7）公共体育设施布局与休闲体育空间耦合机制的实现路径为"基础条件—运行模式—运行保障"的模块结构体系。合理的公共体育设施布局（硬件条件）和健康的休闲体育方式（软件条件）是耦合机制实现路径的基础条件；政府和社区作为公共体育设施布局与休闲体育空间耦合机制运行的管理主体，分别担任着决策与领导、组织与控制的职能，二者分工明确、密切配合，保障运行模式顺利运行；实现路径的运行保障应做到政府职能转变、政策法规倾斜、规划设计改良、运行环境优化与运行管理科学。

本书是在国家社会科学基金一般项目"城市公共体育设施布局与居民休闲体育生活空间耦合机制研究"（14BTY027）结项报告基础上修改完成的文稿。课题负责人是石振国，课题组成员有王先亮、李拓键、赵翼虎、周生旺、赵雅萍、孙传宁、梁勤超、唐晓辉、闻兰、李洪波、寇冠、石峰等。全国哲学社会科学工作办公室、山东大学人文社会科学研究院（社科处）以及体育学院的领导、同事，都对本课题给予大力支持和经费保障。撰写过程中参考和引用了学者们大量前期研究成果，在此，一并表示衷心感谢！最后要感谢中国社会科学出版社的编辑们，没有你们辛勤的耕耘，就不会有该书的付梓出版。

石振国

2022 年 11 月

目　　录

第一章　绪论

进入中国特色社会主义新时代，人民群众美好生活需求中的休闲体育活动内容日益增长，实现公共体育设施布局与休闲体育空间耦合是体育事业发展的重要任务，对于建设更高水平的全民健身公共服务体系具有重要意义。

第一节　研究意义

一　实现居民基本公共体育服务均等化的时代要求

党的十九大报告指出，新时代的社会主要矛盾已经转化为人民日益增长的美好生活需要和不平衡不充分的发展之间的矛盾，这说明大力推进与经济社会发展相一致的基本公共服务均等化、实现小康社会"一个也不落下"的奋斗目标，成为破解新的社会矛盾的基本治国方略。其根本原因在于"推进基本公共服务均等化，是习近平新时代中国特色社会主义思想的重要内容"①，是建设社会主义现代化强国的重要目标，是政府治理现代化的重要手段，是促进经济社会高质量发展的必然选择。基本公共服务均等化已成为社会各界关注的重要领域之一，也成为全面建成小康社会的重要指标之一。

随着综合国力的不断增强、个人与家庭收入水平的不断增长，人们的社会需求也在不断增长，主要体现在提升个人发展机会、健康素质、宜居环境、就业和技能、文化修养等方面。为满足人们的这些增长需求，

---

① 李军鹏：《新时期推进基本公共服务均等化的思路与对策》，《新视野》2019 年第 6 期。

作为"民生工程",政府也在持续推进基本公共服务建设发展。基本公共服务既包括社会救助、养老保障等基本民生性服务,也包括公共教育、公共文化等公共事业性服务;既包括公共设施、环境保护等公益基础性服务,也包括社会治安、消费安全等公共安全性服务。由此,为满足人们对美好生活向往的这一需求,转变政府公共服务职能,为居民提供基本的、与经济社会发展水平相适应的、体现公平正义的公共产品和服务,建立健全完善的基本公共服务体系就成为当下全面建成小康社会的时代要求。

基本公共体育服务是基本公共服务的重要内容之一,它是全面贯彻落实全民健身国家战略、大力推进健康中国建设的重要工作内容,也是转变政府职能、建设服务型政府的内在要求,更是促进体育发展方式转变、实现体育强国目标的重要选择。体育事业是国家综合国力强盛以及人类文明进步的重要标志,实现基本公共体育服务均等化成为推动体育事业健康发展的重要任务,也成为满足新时代人们对健康需求的不二选择。然而,中国基本公共体育服务不平衡不充分现象突出,主要表现在总体水平较低、总量供给不足、区域差距大、缺少操作性强的法律法规等诸多方面。公共体育设施作为居民健身活动的基本物质条件,是实现基本公共服务均等化的基础保障,只有不断扩大公共体育设施社会供给的规模与优化结构,才能不断提高居民公共体育服务的可获得性和便捷性,达到供需两端充分耦合的目标,才能真正意义上做到公共体育服务全民、惠及民生的发展目标。由此,"逐步推动基本公共体育服务在地区、城乡、行业和人群间的均等化"①,促进公共体育设施供需平衡是社会发展的时代要求。

二 有序推进全民健身国家战略实施的历史选择

《国务院关于加快发展体育产业促进体育消费的若干意见》明确将全民健身上升为国家战略,推进全民健身工作成为体育事业的关键要务。

---

① 《国务院办公厅关于印发体育强国建设纲要的通知》(国办发〔2019〕40号),http://www.gov.cn/zhengce/content/2019-09/02/content_ 5426485. htm。

《"健康中国 2030"规划纲要》指出："实现国民健康长寿,是国家富强、民族振兴的重要标志,也是全国各族人民的共同愿望。"[1] 同时提出了国民体育的发展目标:"2020 年,城乡居民达到《国民体质测定标准》合格以上的人数比例为 90.6%,2030 年为 92.2%";"2020 年,经常参加体育锻炼人数为 4.35 亿人,2030 年达到 5.3 亿人"[2]。《全民健身计划(2016—2020 年)》提出,全民健身与其他社会事业基本形成互促发展局面,全民健身成为"新的经济增长点的动力源"[3]。由此,建立完善的群众体育健身组织管理体系、场馆设施体系、活动内容体系、群众赛事体系、科学指导体系、体育文化体系"六个工程",成为实现这两个国家战略目标的重要任务。

就公共体育设施而言,主要存在供需矛盾突出、城乡差异显著、规划设计不科学、空间布局不合理、物理环境较差、占用体育用地等诸多问题。这些问题不仅涉及公共体育设施的规划设计、建设质量、服务效益,还涉及整个城市总体空间布局、满足居民健身需求以及场馆设施服务半径等诸多方面。虽然近年来中央和地方政府高度重视公共体育设施的规划建设,但在实际落地过程中,无论是建设成效,还是推进速度,远不及学校、医院、图书馆、文化馆、艺术馆、科技馆等其他公共服务设施,出现了例如地方政府在落实《"健康中国 2030"规划纲要》具体实践中,以建设多少"床位"为发展目标,以生产多少"新药"为发展方向等现象,这值得反思。相对而言,体育运动对人类健康护佑的功能没有得到足够重视,这显然与全民健身战略的要求相去甚远。当然,政府为全体社会成员提供良好的医疗保障是国家担当的重要体现,是提高人民健康水平不可推卸的责任,是全面建成小康社会的重要基础,但体育运动在"治未病"、为人类健康保驾护航

---

[1] 《中共中央 国务院印发〈"健康中国 2030"规划纲要〉》,http://www.gov.cn/xinwen/2016-10/25/content_5124174.htm。

[2] 《中共中央 国务院:〈"健康中国 2030"规划纲要〉》,http://www.gov.cn/xinwen/2016-10/25/content_5124174.htm。

[3] 《国务院印发〈全民健身计划(2016—2020)年〉》,http://www.gov.cn/xinwen/2016-06/23/content_5084638.htm。

等方面的作用不容忽视，它作为主动健康生活方式的地位应与"被动健康"的医疗保障相一致。

随着全民健身热潮持续"发酵"，"群众健身去哪里""广场舞扰民"等不和谐现象成为热门话题。从表面来看，这些现象是健身者没有可健身或适宜的健身场所导致的，也或是因为与其他城市居民"争抢地盘"的权利冲突造成的，但深层次的原因实际上还是"公共体育设施供需矛盾与治理措施缺失"①。同时，因体育用地流失、场馆设施布局不合理等也造成了诸多问题，如《男子花千万将垃圾场变足球场被拆》《巢湖体育中心变菜地》《沈阳绿岛体育中心被爆破拆除豪华建筑短命》《南京国际赛马场变身停车场》等新闻报道更是引起社会各界的广泛关注。② 因此，加大公共体育设施投入，科学规划公共体育设施选址，丰富健身器材种类和功能，进一步做好大型公共体育场馆免费和低收费对外开放工作，进一步提升现有各类公共体育设施的利用率和管理运营服务水平，筑好群众身边的"健身工程"，是推进全民健身国家战略有序实施的条件保障。除政府规范性的日常投入建设外，也可以利用政府公信力，充分发挥市场和社会力量的作用，结合基层公共文化服务中心建设，配套建设群众身边的公共体育场地设施，不断完善基本公共体育设施网络，构建参与主体多元化、供给渠道多层化、供给内容多样化、供给模式多级化的公共体育设施的建设规划格局，这也是实现全民健身和实现《"健康中国 2030"规划纲要》目标的重要举措。

三 落实国家公共体育设施规划政策法规的需要

由于公共体育设施的非营利性属性，各级各类公共体育设施公益性公共品和准公共品、服务社会供给相对不足，完全通过市场机制又不能解决这种状况，需要政府通过制定相应的政策法规予以支持和保障。国

---

① 梁勤超、李源、石振国：《"广场舞扰民"的深层原因及其治理》，《北京体育大学学报》2016 年第 1 期。
② 张强、刘艳、王家宏：《中国公共体育设施规划之现存问题与应对策略研究》，《天津体育学院学报》2018 年第 4 期。

外的一些做法值得借鉴和学习。美国从 20 世纪初就开始体育立法，目前已经形成了全方位、多层次的政策法规体系。其中，《奥林匹克和业余体育法》规定，美国公共体育设施的建设和改造，可以由政府发行债券或由获得政府许可的私营公司发行免税债券的形式筹集建设经费；同时，鉴于公共体育设施建设可以促进就业、吸引投资以及带动相关产业发展，美国政府可以通过贴息或实行优惠的税收政策对公共体育设施建设予以支持。英国是现代体育的发祥地，也是个高福利国家，在公共体育设施规划建设方面，除政府财政政策大力支持外，还通过制定税收减免和社会赞助等相关政策和法规来吸引社会力量参与公共体育设施方面的规划设计、建设改造。日本 1961 年颁布的《体育振兴法》和 2000 年颁布的《体育振兴基本计划》极大地推动了其公共体育设施的建设和发展，另外，日本通过制定鼓励性的优惠政策，吸引民间资本投资公共体育设施规划建设。

但中国体育领域立法比较滞后，直到 1995 年才颁布了《中华人民共和国体育法》（以下简称《体育法》），也于同年第一次下发了发展群众体育的指导性文件——《全民健身计划纲要》。《体育法》对公共体育设施建设布局提出了具体规定，要求将《城市公共体育运动设施用地定额指标暂行规定》（〔86〕体计基字 559 号）作为体育设施建设布局的国家规范。随后，又陆续颁布了《中华人民共和国规划法》《公共体育设施条例》《城市居住区规划设计规范》等政策法规。实际上，中国体育设施政策法规的演进，经历了由国家层面向公民层面、由重竞技向重竞技和群众体育并重、由重建设向重管理转化的发展历程。[①] 近年来，为了满足居民不断增长的健身需求，在公共体育设施规划、建设、改造和利用城市空地等方面，《公共文化体育设施条例》（2003）、《全民健身条例》（2009）、《国务院办公厅关于加快发展体育产业促进体育消费的若干意见》（2014）、《"健康中国 2030"规划纲要》（2016）、《"十三五"推进基本公共服务均等化规划》（2017）、《中共中央、国务院关于完善促进消

---

① 孙成林、王强、王健：《新中国体育设施政策演进研究》，《西安体育学院学报》2013 年第 4 期。

费体制机制 进一步激发居民消费潜力的若干意见》（2018）以及《国务院办公厅关于促进全民健身和体育消费推动体育产业高质量发展的意见》（2019）等相关的政策法规文件（见表 1 - 1）陆续出台，其他部委及地方政府也根据相关文件精神下发了落地指导性文件。这些政策法规文件的颁布实施，极大地推动了全民健身公共服务体系的完善与发展，也极大地推动了公共体育设施的规划布局、设计建设、运行管理、运营服务，但如何进一步落实好这些政策文件，是关乎体育公共设施能否满足居民休闲体育生活的关键所在。

表 1 - 1　　　　公共体育设施规划建设的政策规范与核心条款

种类	政策法规	时间	核心内容
法律和行政法规	《体育法》	1995 年	公共体育设施应当向社会开放，方便群众开展体育活动，对学生、老年人、残疾人实行优惠办法，提高体育设施的利用率
	《全民健身计划纲要》	1995 年	体育场地设施建设要纳入城乡建设规划，各种国有体育场地设施都要向社会开放，加强管理，提高使用效率，并且为老年人、儿童和残疾人参加体育健身活动提供便利条件
	《公共文化体育设施条例》	2003 年	公共文化体育设施的建设预留地纳入土地利用总体规划和城市规划；因城乡建设确需拆除公共文化体育设施，应当依照国家规定择地重建，有关行政主管部门及其工作人员应依法履职，查处违法；侵占公共文化体育设施建设预留地的由主管部门责令限期改正
	《全民健身条例》	2009 年	县级以上地方人民政府应当有计划地建设公共体育设施，加大对农村地区和城市社区等基层公共体育设施建设的投入；公共体育设施的规划建设应当方便群众就近参加健身活动，农村地区的公共体育设施的规划、建设应当考虑农村生产劳动和文化生活习惯
	《国务院办公厅关于加快发展体育产业促进体育消费的若干意见》	2014 年	统筹规划体育设施建设，鼓励建设小型化、多样化的活动场馆和健身设施

续表

种类	政策法规	时间	核心内容
法律和行政法规	《"健康中国 2030"规划纲要》	2016 年	统筹建设全民健身公共设施,加强健身步道、骑行道、全民健身中心、体育公园、社区多功能运动场等场地设施建设
	《国务院办公厅关于加快发展健身休闲产业的指导意见》	2016 年	完善健身休闲基础设施网络,加强特色健身休闲设施建设,优化规划和土地利用政策
	《国务院办公厅关于进一步扩大旅游文化体育健康养老教育培训等领域消费的意见》	2016 年	提高体育场馆使用效率,盘活存量资源,运用商业运营模式推动体育场馆多层次开放利用
	《国务院办公厅关于进一步激发社会领域投资活力的意见》	2017 年	将医疗、养老、教育、文化、体育等领域用地纳入土地利用总体规划
	《"十三五"推进基本公共服务均等化规划》	2017 年	利用公园绿地、闲置厂房、校舍操场、社区空置场所等拓展公共体育设施场所
	《国家"十三五"时期文化发展改革规划纲要》	2017 年	推动基层公共文化设施资源共建共享。体育健身等资源,建设乡镇(街道)、村(社区)的综合文化服务设施
	《国务院办公厅关于加快发展体育竞赛表演产业的指导意见》	2018 年	加强新建体育场地设施的科学规划与布局,推进现有场馆"改造功能、改革机制"工程
	《中共中央 国务院关于完善促进消费体制机制进一步激发居民消费潜力的若干意见》	2018 年	加大文化、旅游、体育、健康、养老、家政等领域用地政策落实力度;鼓励支持社会力量参与文化、旅游、体育、健康、养老、家政、教育等领域基础设施建设。
	《国务院办公厅关于促进全民健身和体育消费推动体育产业高质量发展的意见》	2019 年	因地制宜建设体育设施,加大全民健身设施建设力度,开展全国社会足球场地设施建设专项行动,支持中小学体育场地设施利用课余时间向社会开放,建立体育场馆安保等级评价制度
	《中共中央 国务院关于深化教育教学改革全面提高义务教育质量的意见》	2019 年	鼓励地方向学生免费或优惠开放公共运动场所
	《国务院办公厅关于实施健康中国行动的意见》	2019 年	推进公共体育设施免费或低收费开放

种类	政策法规	时间	核心内容
体育系统	《公共体育健身场地设施基本配建标准》	2010 年	市、地"五个一"工程 县（市、区）"五个一"工程
	《体育产业发展"十三五"规划》	2016 年	逐步建成三级场地设施网络，推进建设城市社区 15 分钟健身圈
	《"十三五"公共体育普及工程实施方案》	2016 年	以区域人口数量及分布、自然环境特点和现有体育设施资源为重要因素合理布局
	《全民健身计划（2016—2020 年）》	2016 年	普及青少年体育、统筹老年健身以及加强社区体育设施，合理利用城市公园等空置场所
城建规划系统	《城市公共体育运动设施用地定额指标暂行规定》	1986 年	按照人口规模配备城市公共体育设施用地，并给出计算公式
	《城市社区体育设施建设用地指标》	2005 年	根据需要满足：人均室外建筑面 0.30 —0.65 平方米，人均室内建筑面积 0.10 —0.26 平方米
	《城市公共设施规划规范》	2008 年	小城市、中等城市和大城市Ⅰ人均体育用地 0.6 —0.7 平方米/人；大城市Ⅱ/Ⅲ 0.6 —0.8 平方米/人
	《城市居住区规划设计规范》	2016 年	纳入公共服务设施中文化体育类，用地面积遵循千人总指标和分类指标，居住区 225—645 平方米/千人，小区 65 —105 平方米/千人，组团 40 —60 平方米/千人
	《城市公共体育场馆用地控制指标》	2017 年	按照体育场、体育馆、游泳馆配置用地面积
相关部委	《体育总局、教育部关于加强全国青少年校园足球工作的意见》	2013 年	在公共体育服务体系的规划建设中优先建设小型多样的足球场地设施
	《全国足球场地设施建设规划（2016—2020 年）》	2016 年	到 2020 年，全国足球场地数量超过 7 万块
	《住房城乡建设部办公厅等关于做好足球场地设施布局规划建设的指导意见》	2017 年	各级住房城乡建设（城乡规划）部门要主动将足球场地设施纳入各层次城乡规划；各级国土资源部门要进一步加大用地政策支持力度等

四 推动体育大国向体育强国迈进的必然诉求

中国体育事业已进入由体育大国迈向体育强国的关键时期，实践证明体育不仅能为国争光、为民谋福，还可以为国增利，发挥体育的独特作用对于经济社会发展意义重大。

首先，体育在振奋民族精神、推动社会进步等方面有着独特的作用。1984 年，许海峰在洛杉矶夏季奥运会上勇夺新中国历史上第一块金牌时，全国上下为之欢呼雀跃，作为中国人由衷地感到骄傲和自豪。同时，这也为我们赢得了国际社会的尊重，改变了世人对我们的看法，一举摘掉了"东亚病夫"的帽子。接着，女排充分展现出"顽强拼搏、勇创佳绩、为国争光"的体育精神，勇夺"五连冠"，"女排精神"成为当时全国各界学习的榜样，发出了"团结起来、振兴中华"的铮铮誓言，到现在依然振聋发聩，激励着一代代国人不屈不挠、勇敢拼搏、奋勇向前。那时候的体育，主要还是竞技体育带给我们欢乐、兴奋、激励以及永不言败的精神，当然也需要通过竞技体育的优异成绩来振奋民族精神、提升国际地位，这充分体现了中国体育从筚路蓝缕到勇立潮头的奋进历程。然而，中国是人口大国，也是体育大国，但不是体育强国。因为体育强国不仅仅是在竞技赛场上披荆斩棘获得多少金牌，还应更多体现在全体社会成员的身体健康方面，以及政府在提升国民身心健康水平所展现的实力、决心和信心。

其次，经过 40 多年的改革开放，中国取得了举世瞩目的成就，在推动体育大国向体育强国迈进的历史征程中，中国政府发出了时代最强音。2019 年 6 月 18 日，习近平总书记在给北京体育大学 2016 级研究生冠军班全体学生的回信中指出："新时代的中国，更需要使命在肩、奋斗有我的精神。希望你们继续带头拼、加油干，为建设体育强国多作贡献"①，这充分体现了党和国家领导人对体育人在促进国民强健民族体魄、振奋民族精神、提升民族素质方面的担当和使命的时代要求。2019 年 8 月 10 日，《国务院办公厅关于印发体育强国建设纲要的通知》进一步明确体育

---

① 《习近平给北京体育大学 2016 级研究生冠军班全体学生的回信（全文）》，http://www.gov.cn/xinwen/2019-16/19/content_ 5401512. htm。

强国建设的目标、任务及措施，"到 2020 年，建立与全面建成小康社会相适应的体育发展新机制……全民族身体素养和健康水平持续提高，公共体育服务体系初步建立"①。

最后，"人才是第一资源"，人才竞争已经成为综合国力竞争的核心，人才资源作为经济社会发展第一资源的特征和作用更加明显。大力实施人才强国战略成为当下和今后一段时间中国经济社会发展的重要工作。大力提升人力资本数量和质量，就是建设体育强国的具体体现。从数量上来看，人力资本是一个国家在一定时期内的劳动人数；从质量上看，人力资本就是衡量劳动者的素质或技术水准。人力资本所形成的知识结构和健康水平等要素无法与人自身相分离，所以提升人力资本的数量和质量对经济社会发展具有重要意义。对人力资本的投资主要包括教育和保健两个方面，教育投资无须赘述，而推动影响人力资源的寿命、体力、精力和耐久力等方面的保健投资，如国家大力推广的全民健身等，亦是非常重要乃至是必需的。保健投资可转化为健康资本存量，主要表现为劳动力的健康、无疾病状态或寿命的延长，而良好的健康状态本身就创造了价值，成为重要的人力资本要素。由此，全面落实全民健身国家战略，关注全体社会成员健康水平，同步发展竞技体育和群众体育，是推动中国由体育大国向体育强国迈进的必由之路。

第二节　核心概念的界定与使用

一　城市

从最早出现于公元前 7000 年的耶里哥古城，到现今幅员辽阔的人类聚居地，城市的内涵、性质和功能一直在不停地发展、演化。"城市是一个以人为主体，以空间有效利用为特征，以聚集经济效益为目的，通过规划建设而形成的集约人口、经济、科学文化于一体的空间地域系统"②。实际上，不同学科依据不同的研究对象与特点对城市的理解也会不同。

---

① 《国务院办公厅关于印发体育强国建设纲要的通知》（国办发〔2019〕40 号），http://www.gov.cn/zhengce/content/2019-09/02/content_5426485.htm。
② 程道平等：《现代城市规划》，科学出版社 2004 年版，第 9 页。

如人口学认为，城市是以人口规模和密度判断标准的人口聚集区；地理学认为，城市是一种不同于农村的空间聚落的建筑物和基础设施密集区；社会学认为，城市之所以为城市，主要是城市形成了一种特有的生活方式——城市性（urabinsm）；经济学认为，城市是工业和服务业经济活动高度聚集的结果，是市场交换的中心。[①] 但普遍认为，城市由"城"与"市"组合而成，"城"是具有防御功能的建筑设施，"市"是进行商品交换的场所。由此推断，城市的形成是社会经济发展的必然结果。本书无意纠缠城市具体内涵的深度解读，基于研究需要，比较倾向于从城市经济功能的角度来认识城市，即城市是包含经济、政治、文化和社会四大功能，以产生巨大的集聚经济效益的人类集聚地，它既是社会经济发展的必然产物，也是人类社会文明进步的象征。

二 公共体育设施

公共体育设施属于公共文化体育设施的范畴，公共文化体育设施是指"由各级人民政府举办或者社会力量举办的，向公众开放用于开展文化体育活动的公益性的图书馆、博物馆、纪念馆、美术馆、文化馆（站）、体育场（馆）、青少年宫、工人文化宫等的建筑物、场地和设备"[②]。从此界定中可以看出，公共体育场馆的权属性质并不明确，如果是政府投资兴建的，那应该是国家财政投入，属于国有资产性质；如果是社会力量投资兴建的，根据合作方式，可以归属为准公共产品或私人产品或混合型公共产品。所以，基于公共体育设施的公共产品属性基本特征，公共体育设施的内涵发生了很大变化。本书认为，只要是向社会成员免费或低收费开放，为满足居民健身休闲、体育锻炼、赛事观赏、业余训练等需要的体育设施及其附属设施，都属于公共体育设施。

按此含义，根据所属关系，可将公共体育设施分为体育系统、教育系统、企事业单位和军队系统四大类。这些公共体育设施之所以被称为"公共"，就是因为它们的规划建设均是由国家政府财政拨款或者社会力

---

① 尤建新：《城市定义的发展》，《上海管理科学》2006年第3期。
② 《公共文化体育设施条例》（中华人民共和国国务院令第382号），http://www.gov.cn/zhengce/content/2008-03-28/content_ 6554. htm。

量出资兴建的,其用途主要是为竞技体育、学校体育、群众体育和军队体育服务。但本研究所指的公共体育设施只包括为全民健身服务的非营利性体育设施,不包括各类学校、军队、竞技体育等专门场地设施。

三 城市公共空间及公共体育设施布局

"城市公共空间,即属于公共所有或者公共价值领域的那部分城市空间,是一种公共物品"①。布局,从词意上说有四种解释:一是对事物的全面规划和安排;二是专指艺术学中绘画、文学作品的设计;三是指棋类对弈中的棋子分布态势;四是特指建筑物或物体居处相对位置的排放等。② 由此,依据研究主旨,布局的第四种解释更符合研究要求,那就是公共体育设施在城市公共空间中的位置安排。

由"城市公共空间"的概念,我们就不难理解"公共体育设施布局"的内涵,那就是按照城市公共空间的整体规划要求,根据居民的体育竞赛、表演、运动休闲健身等需求,在城市公共空间中规划、设计、建设的公共体育设施的总称。不同层级、不同类型的公共设施布局,不仅要考虑公平、共享、数量、质量,还要考虑市场需求与供应之间的平衡;不仅要考虑距离上的便捷、数量上的满足,还要考虑不同人群的不同需求、服务管理等具体要求和举措。现实生活中,休闲体育空间是由场馆设施组成的物质空间和居民休闲活动的行为空间耦合而成的空间体系,物质空间是由有形的体育设施及相关建筑设施共同组成的环境空间,如体育场馆、健身中心、健身路径、广场绿地、市民公园。物质空间是行为空间的载体,居民在适宜的城市空间中开展休闲体育活动,二者需最大限度地耦合,才能相得益彰。而行为空间是居民在一定的公共体育设施场所以及交通等其他条件允许的情况下,在地表空间留下的"举止行动",是一种无形的客观存在。行为空间与物质空间是辩证统一的关系,当居民行为空间超过物质空间的承载量后,就会出现"供不应求"的局面,如出现绿地被毁、设施破坏等不良现象,"广场舞扰民"就是最好的例证。相反,当居民行为空间小于物质空间的承载量时,就会出现"供

---

① 冯维波:《城市游憩空间分析与整合》,科学出版社 2009 年版,第 11 页。
② 中国社会科学院语言研究所词典编辑室:《现代汉语词典》1986 年版,第 95 页。

大于求"的局面，势必造成公共体育设施闲置浪费、挪作他用等不和谐现象，一些公共体育设施因建设偏远、管理不善等情况，"关门歇业"就不足为奇了。

《体育强国建设纲要》中明确提出，"合理利用城市空置场所、地下空间、公园绿地、建筑屋顶、权属单位物业附属空间……加强城市绿道、健身步道、自行车道、全民健身中心、体育健身公园、社区文体广场以及足球、冰雪运动等场地设施建设"①。这为公共体育设施布局指明了方向，进一步拓展了其规划建设思路，为满足城市居民日益增长的健身需求所必需的物质空间提供了可能。2019 年下发的《关于促进全民健身和体育消费推动体育产业高质量发展的意见》（国办发〔2019〕43 号）进一步指出，推动体育产业高质量发展，是满足新时期人民对美好生活向往的重要内容，要继续加强基本公共体育服务建设，不断完善公共体育基础设施，大力培育市场主体和社会组织，激发更多体育领域投资，让体育投资者、企业经营者享受到政策和发展的红利。

四 休闲·休闲体育·休闲体育生活

休闲，几乎与人类社会发展的历史脉络一致，彰显着人们对自由、闲适、悠闲等美好生活的向往。汉语语境中的休闲主要包含两层意思："一是停止劳动、休假、休息；二是闲适、悠闲的状态。"② 英语语境中的休闲也主要包含了两层含义："一是无拘无束、创造性和文化性的状态，二是与休闲相关的教育活动。"③ 社会发展到今天，休闲的价值意蕴发生了很大变化，被人类赋予了多方面意蕴。拥有闲暇是人类最古老的梦想，④ 学者们对休闲价值意蕴的解读，实际上是想摆脱"现代理性"的束缚，让人们活在当下，通过休闲促使人对生活（生命）进行意义思索，使人冲破"牢笼和枷锁"，真正走向自由。从这层意思上理解，休闲是人

---

① 国务院办公厅：《关于印发体育强国建设纲要的通知》，http：//www.gov.cn/zhengce/content/2019-09/02/content_ 5426485. htm。
② 石振国：《精神视域中的休闲体育》，南京师范大学出版社 2011 年版，第 43 页。
③ 石振国：《精神视域中的休闲体育》，南京师范大学出版社 2011 年版，第 44 页
④ ［美］杰弗瑞·戈比：《你生命中的休闲》，康筝译，云南人民出版社 2000 年版，第 150 页。

们摆脱理性束缚，或是超越理性的最好途径。因为休闲追求的是一种自由的生活，一种生命自由的回归，一种"畅爽"的期待，一种无为而为的心态，一种个体化与个性化结合的生活体验。正如亚里士多德所言，"休闲，让我们过上更有价值的生活"①。

休闲体育，古已有之，但在中国开展理论研究起步较晚，20 世纪 90 现代有学者关注到，人们在闲暇之余会经常积极主动地参与体育健身活动，学者们开始从不同视域关注这一文化现象。他们认为，休闲体育是人们满足基本生活（生理）需要后，在休闲时间里自主选择运动项目，自愿参与其中，以"缓解压力、恢复体力、娱乐身心、调节情绪、强身养生为主要目的一种健康科学的身体活动方式"②。随着经济社会的快速发展，人们可自由支配的时间和金钱不断增加，休闲体育已经成为全体社会成员主动参与的积极生活方式之一。从宏观角度说，除了把运动项目作为职业（工作），所有人参与的体育运动都可以称为休闲体育，其目的就是增添生活的"色彩"，享受生活的美好，体悟生活（生命）存在的价值与意义。当然，参与休闲体育还应具备四个因素：可自由支配的时间、必要的物质条件、参与活动的个人意愿和行动以及参与休闲活动的个人能力。当然，这四个因素不是必要条件，因为物质条件好的人不一定参加休闲体育活动，物质条件差的人也不一定不能享受到休闲体育带来的乐趣。事实上，人们进行休闲体育活动绝不是毫无目的的消遣，而是体验整个健身活动过程中的乐趣，是一种富有生活情趣的健身、健心和乐群的健康生活方式。它既是物质与精神的统一，也是体力与智力的结合，更是身体和心理的融合；既可以是一个人单独的运动行为，也可以是三五好友的结伴行为。它让人们在愉悦的身体活动中体悟快乐，进而感悟人存在的价值与意义，让人们更自信地投入热爱生活、享受生活的社会实践中。

休闲体育生活，简而言之，是人们在休闲时间里以体育运动为活动内容的一种生活方式。它是社会文化中具有体育意义的、形式多样的、可供居民自由选择的休闲方式之一，是新时期人们追求高质量生活品质

---

① 汪子嵩：《亚里士多德关于本体的学说》，人民出版社 1983 年版，第 45 页。

② 石振国：《闲·休闲·休闲体育》，《体育文化导刊》2004 年第 8 期。

的身体休闲方式。现代社会人们的价值观念已经发生了深刻变化，从认识自然、改造自然向认识人类自己、改变人类自己转变；从追求吃穿住等基本生活保障向高质量惬意生活转变；从重视生活（生命）存在的关注和敬畏向生命价值的真实和品质转变；从消极性的、被动式余暇休闲生活方式向积极的、身心合一的体验式休闲娱乐生活方式转变。这种转变，不仅体现在人们对经济社会高质量发展所带来的真实改变的感性认知上，还体现在人们对生命（生活）品质的需求以及自身发展的理性感悟上。未来社会的人不仅需要具备很强的社会工作能力，还必须有享受生活的能力，只有这样，才能促进"人的自由全面的发展"，每位社会成员才能充分体会到获得感、幸福感、成就感，这也是文明社会发展的终极目标。然而，伴随着各种"文明疾病"的爆发，"肌肉饥饿"已经成为现代社会普遍的文化现象，人们迫切需要一种能减轻压力、恢复体力、转移焦虑、提高效率、增强抗病能力的生活手段，契合以上特征的休闲体育应运而生。由于休闲体育主要通过身体参与的方式以获得运动乐趣和"畅爽"体验，本质上异于其他休闲方式。进一步说，人的生命活动与休闲体育是"鱼和水的关系，生命中张扬着休闲个性，休闲中寓于生命真谛，休闲体育既是对人类肌体的自我养护，也是使人感悟生存价值与生命意义的人生哲学"①。体育对于人的"健康护佑"功用已经得到社会成员的广泛认可，在丰富人们业余生活的精神补偿方面具有独到价值。

五 耦合机制

耦合是指"两个或两个以上的系统或运动方式之间，通过要素相互作用，彼此产生影响以至联合起来的现象"②。从系统科学角度理解，耦合机制通常是指系统内部各子系统（要素）之间、子系统与系统之间、系统与环境之间的相互关系，以互动方式，彼此产生互相依赖、互相联系或者相互影响的复杂的动态关系。系统内部的耦合是内耦合，即系统内各子系统（要素）之间、子系统与系统之间的互联作用或影响的动态

---

① 石振国：《生命教育视野中的休闲体育研究》，《北京体育大学学报》2013年第10期。
② 中国社会科学院语言研究所词典编辑室：《现代汉语词典》，商务印书馆1986年版，第95页。

关系；系统与外部环境的耦合为外耦合，即系统与各领域的外部环境的互联作用或影响的动态关系。

如前文所述，公共体育设施是城市居民参与休闲体育活动的物质载体，它是居民参与运动休闲健身必不可少的"外部环境"，也是激发人积极参与休闲健身活动的动力源泉。但随着居民主动健身意识的增长、休闲健身行为的普及，二者之间的矛盾越来越突出，除了公共体育空间资源总量先天不足，更主要是公共体育设施规划布局不合理导致的公共体育设施布局不合理、分配不均、重复建设及闲置浪费等造成的。因此，公共体育设施布局不仅要充分考虑居民参与休闲体育活动的切身需求的系统内部关系，还要考虑生态环境、物理环境等系统外部的动态关系。也就是说，政府或社会要相应提供环境优雅、功能齐全、适宜各年龄阶段健身的公共体育设施。由此，本书借助于经济学"供给"与"需求"概念，解决公共体育设施的"空间供给"与居民不断增长的"健身需求"之间的矛盾。本书中的"供给"，是指政府作为主要供给主体，为满足居民不断增长的休闲体育生活需求，向社会成员提供公共体育设施和附属物；"需求"是指城市居民作为需求主体，在休闲体育活动中对公共体育设施及其附属物的基本要求。

六 公共体育设施布局规划

城市各项事业总体部署的城市总体规划是城市发展的指导性文件，实施所有建设与管理都应参照这一标准，因而它对城市发展与建设具有决定性作用。城市总体规划的重点是未来一段时间内城市的发展战略、定位、性质及规模，城市建设、国民经济以及社会发展计划的制订以及其他专项规划都要以城市总体规划为基础。目前，城市总体规划对竞技体育设施的关注度较高，而对市级、区级或者社区级的公共体育设施关注不够，缺乏全面而又具体的统筹谋划，所涉及的公共体育设施规划只是对其规划建设原则、布局等进行宏观指导，确定其总体发展目标。

专项规划是城市总体规划的进一步细化，城市总体规划是专项规划的编制依据。因行业不同，专项规划所涉及的具体服务内容、行业自身的特点都存在较大差异，所以要对其进行专业系统的定位、定性和定量，明确其总体建设规模、控制指标以及空间布局等主体内容。公共体育设施的布局规划是专项规划的一种，它是城市总体规划的补充和完善，不能脱离城市总体规划而单独进行。当然，如果只依赖总体规划作为指导依据，缺乏对公共体育设施进行专项规划的具体指导，就无法从总体上对编制详细规划进行全面的确定，也就无法在规划范围内实现公共体育设置的具体配置要求。所以，公共体育设施布局专项规划是对城市整体规划总体目标的分解，须对城市公共体育设施未来一段时间内的发展状况、既定目标、重大工程、保障措施等内容进行系统深入的分析，形成"市级—区级—社区—居住"四级公共体育设施布局体系，进一步深化落实城市总体发展规划。

第三节　研究对象与方法

一　研究对象

本书以公共体育设施布局与休闲体育空间的耦合机制为研究对象，以公共体育设施布局供给和居民休闲体育生活需求为调查对象，以国家、省、市群体管理部门的管理者以及该领域的专家学者为访谈对象，深入了解该领域的现状和未来发展趋势，为构建符合中国国情的公共体育设施布局与休闲体育空间耦合机制奠定基础。具体研究对象如下：

（1）公共体育设施布局的相关理论探赜与归纳；
（2）公共体育设施布局与休闲体育空间的表征与效应；
（3）公共体育设施布局与休闲体育空间耦合的阻滞因素分析；
（4）公共体育设施布局与休闲体育空间耦合机制构建；
（5）公共体育设施布局与休闲体育空间耦合机制系统仿真；
（6）公共体育设施布局与休闲体育空间耦合机制实现路径。

二　研究方法

（一）文献资料法

公共体育设施研究是一个较为复杂的社会系统，是一个新兴交叉学科，是近年来学者们关注的研究热点之一。本书涉及人居环境科学、城市管理学、人文地理学、城市规划学、城市经济学、体育健康学等学科领域，利用各种途径研读相关研究成果，了解近年来国内外相关研究的最新成果，并对这些研究成果加以梳理分析，目的在于了解最新研究动态，为本书的撰写提供理论参考。

（二）问卷调查

根据研究内容制定了"休闲体育空间需求"调查问卷，并通过专家评价，选定问卷选项。问卷调查采用委托发放、回收和亲自发放相结合的方式，对济南市的历下区、市中区、槐荫区、天桥区、历城区 5 个行政区的 2000 名城市居民进行相关调查。发放问卷 2500 份，平均每个行政区发放 500 份，回收问卷总计 2336 份，有效回收率为 93.4%，剔除无效问卷 130 份，实际有效问卷为 2206 份。调查数据资料采用 SPSS 24.0 软件进行处理，得到相应的描述性统计结果，并在理论分析和数理分析相结合的基础上探求济南市居民对济南市公共体育设施与服务供给的满意度。

1. 效度检验

效度检验采用的是专家调查法，对 15 名公共体育服务和公共体育设施布局相关研究领域的专家对问卷的效度进行评估，经过 3 轮评估和指导后，调查问卷的有效率达到了 93% 以上。调查结果如表 1 - 2 所示。

表 1 - 2　　　　　　　　　调研问卷的效度检验结果

选项	非常有效	有效	一般	无效
数量（次）	10	4	1	0
比例（%）	67	26	7	0

2. 信度检验

为提高信度检验的准确性，通过重测法和折半信度法对调查问卷内外部信度进行检验。对济南市历下区 70 名市民（长期在泉城公园和济南市全民健身中心健身的市民）进行了问卷调查，2 周后进行了重新调查，通过 SPSS 24.0 计算了两次调查结果的相关系数，结果显示调查问卷的信度达到了 0.912，符合研究的基本要求。将所有的调查问卷回收后，将问卷调查项目按照题目的奇数和偶数平均分开，计算两者的相关系数，结果显示 ru = 0.896，其内部一致性也达到了研究的要求。

（三）实地调查与专家访谈法

为系统研究中国部分省份公共体育设施规划布局情况，课题组前往广东、北京、天津、上海、浙江、湖北、四川 7 个省（市）进行了实地调研；就目前公共体育设施的热点问题，特别是供需相关命题，对国家体育总局群众体育司、部分省份体育局、县市区、街道办等公共体育设施主要负责人进行专家访谈。

（四）ArcGIS 分析法

ArcGIS 是美国 ESRI 公司研发的一个基于地理科学理论综合性的空间分析 GIS 平台，目前已较为广泛地应用于众多学科中，产生了大量学科交叉的学术成果，占据着 GIS 分析平台的大量市场。本研究主要采用以下技术：一是利用 ArcGIS 中的标准差椭圆工具对居民居住空间进行方向性定位；二是利用 ArcGIS 邻近性分析功能，获得公共体育空间服务区域人口规模和设施空间分布的相关性；三是探究居民健身可达度与公共体育设施空间布局的关系。

（五）逻辑分析法

对公共体育设施与休闲体育空间相关联的供需表征、阻滞因素、体制与机制、政策与法规、运行与管理等内容进行理论分析，分析公共体育设施布局与休闲体育空间耦合机制，提供耦合互动的保障路径。

（六）系统仿真法

系统动力学认为系统是由要素及其关系构成的，要素之间存在相互关系而形成反馈回路，反馈回路之间的组合构成输出—输入等因果关系，反馈回路之间的因果关系存在差异体现出流率的不同。为此，系统动力学将系统论、控制论、信息论结合起来，运用结构功能分析和反馈因果关系分析解决系统存在的主要问题。本书主要运用系统动力学、系统仿真等研究方法，以济南市为例，对公共体育设施布局和休闲体育空间耦合机制进行系统仿真研究。

第四节　研究目标、内容与框架体系

一　研究目标

本书既从现状调研出发，分析公共体育设施布局与休闲体育空间供需矛盾问题，又从实践路径入手，建立起较为科学合理的公共体育设施布局与休闲体育空间耦合机制；既解决了制约政府公共服务"无抓手"、居民休闲"不自主"的现实问题，又拓宽了体育元素与城市发展的文化空间，从而为指导城市公共体育设施规划布局的科学化、规范化、生活化提供一种可持续发展运行模式，也为国家实施全民健身战略提供理论依据。因此，本书对提高政府公共服务水平、满足居民健身需求都具有重要现实意义。

二　研究内容

解决公共体育设施布局与休闲体育空间的耦合问题，其关键在于解决二者的"供需"矛盾。因此，本书在调查研究的基础上，通过对"供需"矛盾表征梳理、阻滞因素解析、耦合机制路径探究，最终构建公共体育设施布局与休闲体育空间的优化方案。主要内容如下：

（一）相关概念与理论依据解析

重点对耦合机制等核心概念界说、城市公共体育设施属性分析、休闲体育空间分布、支撑本书的"系统仿真""中心地理论""点—轴—网"等理论依据进行解析。

（二）公共体育设施布局与休闲体育空间的表征与效应分析

主要对公共体育设施布局主要表征进行研究，分析休闲体育空间主要表征，明确公共体育设施布局与休闲体育空间冲突表征，系统深入地进行体育设施布局与休闲体育空间效应分析等。

（三）公共体育设施布局与休闲体育空间阻滞因素分析

一方面分析了体制机制、政策法规、土地供应、资金渠道、物理空间、居民主体、运行管理等公共体育设施布局影响因素；另一方面分析了公共体育设施布局与休闲体育空间耦合的阻滞因素。

（四）公共体育设施布局与休闲体育空间耦合机制构建

首先，明确了"纵向分层，横向分类"的指导思想；其次，提出了公共体育设施布局与休闲体育空间耦合机制构建的价值与意义、原则；最后，构建了公共体育设施布局与休闲体育空间耦合机制的指标体系、权重。

（五）公共体育设施布局与休闲体育空间耦合机制系统仿真

运用系统动力学的理论和方法，借助 VENSIM 软件以实证检验获取的数据为支撑，构建公共体育设施布局与休闲体育空间耦合机制的系统动力学模型，通过仿真模拟对系统各要素变化产生的效果进行系统性研究，并提出针对性干预路径。

（六）公共体育设施布局与休闲体育空间耦合机制路径分析

提出了公共体育设施布局与休闲体育空间耦合机制的实现路径，提出耦合机制的关键——体制改善与机制优化、耦合机制的保障——政策倾斜与法规完善、耦合机制的支撑——规划设计改良与运行管理标准化等。

三 框架体系

本书框架体系和研究思路如图 1-1、图 1-2 所示。

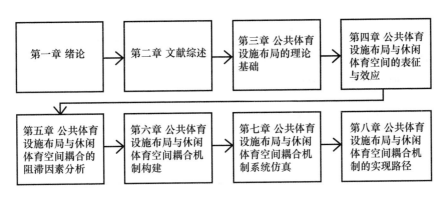

图 1-1 本书框架体系

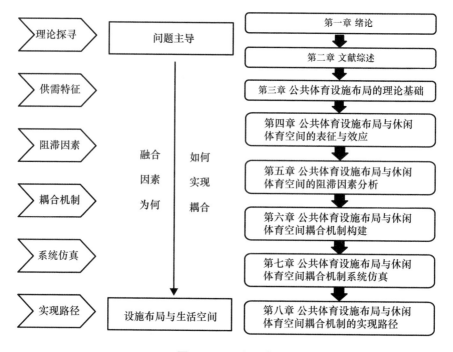

图 1-2　研究思路

第五节　研究创新与不足

一　研究创新

一是研究视角创新。通过对公共体育设施布局与休闲体育空间耦合机制研究，弥补中国体育公共服务理论研究领域中体育设施与居民生活联动机制研究的缺失现象。

二是研究内容创新。构建适应新时期中国公共体育设施布局与休闲体育空间耦合机制的运行模式和实践方式，将为中国实施全民健身战略、优化体育公共服务体系提供案例范式。

三是研究方法创新。根据公共体育设施布局与休闲体育空间耦合机制的研究需要，引入 ArcGIS 分析法等新型研究方法，同时，引入了系统仿真等研究方法，相关研究方法的引入丰富了公共体育设施布局的研究。

二　研究不足

公共体育设施布局与休闲体育空间耦合与经济、社会、区域、文化、人口等众多因素相关，本书试图进行全方位的深入研究，但由于大数据的缺乏，虽借助个案研究、系统仿真研究进行了论证，获得相应的研究成效，但全景式的描绘和智慧化布局建议的提供还有提升的空间。

第二章　文献综述

　　加强公共体育设施要素资源配置，科学规划与合理布局公共体育设施，既是各级政府部门履行公共服务职能的内容，也是提高居民休闲体育生活质量的物质基础。当前，中国城市居民日益增长的体育需求与城市公共体育空间供给不足之间的矛盾日渐凸显，除了公共体育空间资源总量不足，更重要的原因是公共体育设施规划布局不合理导致公共体育空间分配不均、重复建设及闲置浪费。由此，学者们围绕该领域展开了广泛而深入的研究，为公共体育设施更好地服务普通民众提出了许多建设性的建议。

第一节　文献计量分析

一　研究成果数据获取

　　本研究选择中国知网（CNKI）和 Web of Science（WOS）作为文献检索的来源数据库，以这两个数据库收录的公共体育设施布局相关文献为研究对象，结合文献计量对公共体育设施布局研究进行梳理。

　　国内文献来源于 CNKI，设置专业检索，专业检索式为"TI = 体育设施 AND SU =（布局 + 配置 + 规划）"，共筛选了282篇文献。国外文献来源于 WOS，以 TI =（sport ＊ AND facilit ＊）AND TS =（layout OR distruction OR design OR planning OR access OR construction OR locati ＊ ）为主题词进行高级检索，共筛选了314篇文献。

二　研究成果年度分析

　　文献数量的增长幅度直接反映该领域的发展速度以及受重视程度。

国内公共体育设施布局的研究最早出现在 1991 年，叶金胜总结了湖北孝感地区体委借"亚运"之光，在加速体育设施的配套建设中取得的成功经验，包括争取领导、各级党政部门的重视和社会的支持，配合有关部门等办法。① 1994 年，张在元更针对性地研究了公共体育设施布局，对公共体育设施布局提出了明确规划目标、充分利用城市空间、节约用地、充分考虑青少年需求等建议。② 1997—2005 年每年相关文献发文量均为个位数，直到 2006 年发文量才突破个位数，如表 2 - 1 所示。

表 2 - 1　　　　国内公共体育设施布局的研究成果年度分布

年度	1991	1994	1997	1998	1999	2000	2001	2002	2003
发文量	1	1	1	1	1	1	3	6	2
年度	2004	2005	2006	2007	2008	2009	2010	2011	2012
发文量	8	3	11	8	5	9	18	27	20
年度	2013	2014	2015	2016	2017	2018	2019	2020	
发文量	23	20	33	26	19	18	8	9	

国外公共体育设施布局的研究最早出现在 1984 年，Dierickx③ 对园林公园体育设施管理中的技术措施进行了论述。但直到 2009 年相关文献发文量才突破个位数，如表 2 - 2 所示。

表 2 - 2　　　　国外公共体育设施布局的研究成果年度分布

年度	1984	1985	1987	1989	1991	1992	1997	1998	2000	2001
发文量	1	1	1	1	1	1	2	1	1	1
年度	2002	2003	2004	2005	2006	2007	2008	2009	2010	2011
发文量	4	4	8	5	4	4	9	16	16	14
年度	2012	2013	2014	2015	2016	2017	2018	2019	2020	
发文量	20	12	9	22	45	34	33	19	25	

通过年度数据可以发现，无论是国内，还是国外，2008—2018 年是

① 叶金胜：《抓住机遇促进体育设施建设的飞跃》，《湖北体育科技》1991 年第 4 期。
② 张在元：《城市规划与体育设施》，《体育与科学》1994 年第 2 期。
③ Dierickx, W., "Technico-Cultural Measures in the Administration of Gardens, Parks and Sports Facilities", *Revue De L Agriculture*, Vol. 37, No. 6, 1984.

公共体育设施布局研究的高峰期，在此期间国内共发表相关文献 218 篇，国外共发表相关文献 230 篇，如图 2-1 所示。

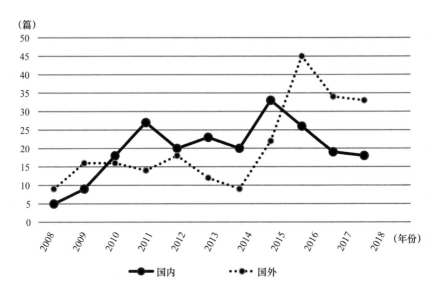

图 2-1　国内外公共体育设施布局研究文献数量分布

由图 2-1 可知，2008—2018 年国内外有关公共体育设施布局的研究分别于 2015 年与 2016 年达到峰值。国内文献数量分布大致可以分为三个阶段。2008—2011 年为探索阶段，共有 59 篇公共体育设施布局相关文献发表，占 2008—2018 年发文总量的 27.06%，年均发文 14.75 篇。2012—2015 年为波浪式增长阶段，呈现蓬勃发展的态势，共有 96 篇公共体育设施布局相关文献发表，占 2008—2018 年发文总量的 44.04%，年均发文 24 篇。2016—2018 年为平稳发展阶段，共有 63 篇公共体育设施布局相关文献发表，占 2008—2018 年发文总量的 28.90%，年均发文 21 篇。这一阶段，中国公共体育设施规划布局相关政策得到逐步完善，相关研究发展趋势相对稳定，虽年度发文量呈下降趋势，但平均数仍高出 2006—2009 年平均发文量。

国外文献数量分布大致可以分为两个阶段。2008—2014 年为平稳发展阶段，共发表文献 96 篇，占 2008—2018 年发文总量的 41.74%，年均发文 13.71 篇。2015—2018 年为快速增长阶段，呈现蓬勃发展的态势，共发文

134 篇，占 2008—2018 年发文总量的 58.26%，年均发文 33.5 篇。

可见，2008—2018 年以来有关公共体育设施布局的研究出现快速增长，其增长速度与世界经济全球化加速发展是分不开的。良好的经济发展环境下，国家积极调整城市整体发展框架，不断更新国家福利政策，而公共体育设施作为推动国家经济发展的基础设施，其布局问题受到学者们的广泛关注。

三　研究成果类型、发表源分析

研究成果发表源分析有助于了解国内外公共体育设施布局研究成果的整体分布情况，[①] 本部分分别对研究成果类型、期刊论文主要发表源等进行分析。

国内公共体育设施布局研究成果类型主要集中在期刊（178 篇）、硕士学位论文（56 篇）和会议论文（32 篇），另有少量博士学位论文等。178 篇期刊论文中，相对高质量的期刊论文有北大核心期刊论文 53 篇（占比为 29.78%）、CSSCI 期刊论文 18 篇（占比为 10.11%）、EI 期刊论文 1 篇（占比为 0.56%）。发文量在前十位的期刊如图 2 - 2 所示。

对国外公共体育设施布局研究成果来源国别进行分析，发现发文量最大的是中国（35 篇），其次是美国（29 篇）、加拿大（17 篇）、英国（14 篇）等，发文量排在前十位的国家如图 2 - 3 所示。

由图 2 - 3 可知，公共体育设施布局相关研究大多来自发达国家，说明公共体育设施布局问题已经引起了发达国家的重视。除中国以外，美国的发文量非常可观，作为世界第一经济大国，其在公共体育设施布局研究领域的活跃程度进一步印证了其科研水平及影响力。

国外公共体育设施布局研究的 314 篇文献分布于 183 种来源出版物，分别涉及公共卫生、健康教育、环境与健康、体育政策、体育管理及体育与娱乐等相关期刊。其中，*Journal of Sport and Leisure Studies* 和 *Korea Sport Research* 均载文 10 篇，*The Korean Society of Sports Science* 载文 9 篇。发文量排在前十位的期刊如表 2 - 3 所示。

---

① 潘云涛：《中国科技期刊引证报告（核心版）》，科学技术文献出版社 2011 年版，第 69 页。

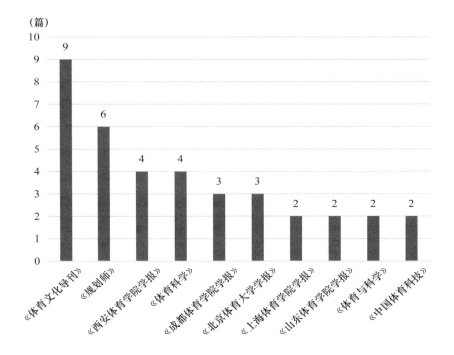

图 2-2 国内公共体育设施布局研究成果核心期刊发表源分布

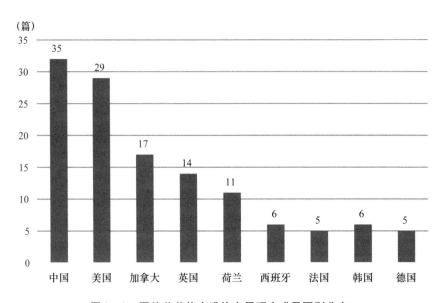

图 2-3 国外公共体育设施布局研究成果国别分布

表2-3　　　　　国外公共体育设施布局研究发文量前十位的期刊

刊名	发文量（篇）
Journal of Sport and Leisure Studies	10
Korea Sport Reaearch	10
The Korean Society of Sports Science	9
Korean Society of Sporet Pplicy	8
The Journal of Sports and Eetertainment Law	6
The Korean Journal of Physical Education	6
The Korean Journal of Sport	6
European Sport Management Quarterly	4
Korea Science Art Forum	4
Loisir Et Societe	4
Loisir Societe Society and Leisure	4

第二节　文献成果梳理

一　国内文献梳理

国内文献主要集中在六个研究领域，分别是公共体育设施布局基础理论的相关研究、公共体育设施布局政策的相关研究、公共体育设施布局中外比较的相关研究、公共体育设施布局测评规划的相关研究、公共体育设施布局管理的相关研究以及公共体育设施布局影响因素的相关研究。

（一）公共体育设施布局基础理论的相关研究

利用多样化与多元化的理论方法对公共体育设施布局进行研究，呈现综合性的发展趋势。有学者指出体育场地布局的前提是对人均占有面积的研究，包括潜在锻炼人口的锻炼人口对场地的使用率是体育场地布局的归宿，供求理论的使用率变化比"先调查、后建设"能更有效地把握准确信息。① 有学者则本着全域性、整体发展的布局理念，借助地理学的"点—轴系统"理论探索区域发展的最优空间结构，将城市内以交通线为主的基础设施束同与之对应的各级体育中心有机结合起来，进一步整合人口分布与交通通达度等因素，构建体育设施网，获得区位的最佳发展。② 经济地理学中的"中心地理论"对城市体育设施空间布局的一般规律和基本原则进行了深入的阐释，将市场原则、交通原则以及行政原则纳入体育场馆设施建设的主要影响因素，中国各级城市在投资建设体育设施时应从长远的经济与社会效益角度考虑，与城市规划充分结合，提高体育设施的使用效率，充分考虑中国经济发展过程中居民对城市体育设施布局的美好需求，更好地满足市民的体育需求。③ 也有学者以需求为导向，通过对上海居民参与体育活动的时空特征进行调查，发现活动空间范围呈圈层结构特征，结合圈层理论，综合考量交通方式、活动方式、自然条件等因素指导公共体育空间布局。④ 还有学者分析经济地理学中"点轴网"理论的适用条件和范围，指出"点轴网"理论可较为科学地指导中国城市公共体育设施规划布局，利用"点轴网"理论分析了中国城市公共体育设施建设存在的现实问题，认为中国公共体育设施布局应优先培育增长极，重点发展交通轴线，实现以轴连点，点、轴、网覆盖下的公共体育设施布局模式。⑤ 就现有文献分析，目前经济地理学理论是本研究领域的主要理论基础，⑥ 虽然有学者从环境美学及生态学的角度思考公共体育设施布局问题，但没有引入相应理论做基础指导。

目前城市公共体育设施配置体系的理论划分主要集中在两类，一是

---

① 孔庆波、崔瑞华：《基于供求理论反思公共体育场地建设的合理规划与布局》，《西安体育学院学报》2012 年第 1 期。

② 毕红星：《"点—轴系统"理论与城市公共体育设施建设布局》，《上海体育学院学报》2012 年第 6 期。

③ 马志和、马志强、戴健、张林：《"中心地理论"与城市体育设施的空间布局研究》，《北京体育大学学报》2004 年第 4 期。

④ 金银日、姚松平、蔡玉军：《上海市居民休闲体育时空行为特征研究》，《体育科学》2015 年第 3 期。

⑤ 张宇飞、毕红星：《"点轴网"理论视角下的公共体育设施布局探析》，《东北财经大学学报》2012 年第 6 期。

⑥ 毕红星：《对适用于城市公共体育设施建设布局的经济地理学理论的探讨》，《内蒙古体育科技》2011 年第 4 期。

按照人口规模划分，二是按照行政区域划分。城市的地理条件、经济文化发展情况、交通情况、人口情况等均对城市公共体育设施配置体系产生影响。综合所查阅的相关文献资料，目前城市公共体育设施配置体系主要有二、三、四、五级等多种等级的配置体系，像二级配置体系一般为市级—社区级，目前美国一般使用这种配置体系；三级配置体系一般为市级—区（县）级—社区（街道）级，目前北京、沈阳等地使用这种配置体系；四级配置体系一般为市级—区（县）级—片区级—社区级，目前成都、南京等地使用这种配置体系；五级配置体系一般为市级—区（县）级—居住区（含镇）级—社区（小区）级—镇级（中心镇一般镇），目前厦门等地使用这种配置体系。①

（二）公共体育设施布局政策的相关研究

权威性高、执行性强的体育政策是实现体育强国的制度保障。1995年颁布的《体育法》对中国的体育设施建设布局做出了法律上的规定，要求将《城市公共体育运动设施用地定额指标暂行规定》（体计基字〔1986〕559号）作为公共体育设施建设的标准，进一步从法律制度层面明确了体育设施规划建设等与城市建设、土地利用的规范的关系。② 随后相关政策不断出现，如《城市公共体育设施用地定额指标暂行规定》《中华人民共和国城市居住区规划设计规范》，等等。有研究指出，《城市公共体育设施用地定额指标暂行规定》的指标内容还需要完善才能更好地适应城市发展；《中华人民共和国城市居住区规划设计规范》明确了城市居住区中有关体育设施建设布局的内容，但这些内容还需要进一步细化。③ 目前，作为中国城市社区体育设施建设规范的标准还有《城市社区体育设施建设用地指标》《城市社区体育设施技术要求》等。④

---

① 毕红星：《中国城市公共体育设施规划布局的实证研究》，《福建体育科技》2011年第6期。

② 张剑：《中外体育法比较：体育经费、体育设施部分》，《中国体育科技》1995年第11期。

③ 韩会君、肖谋文、王菁：《广州市新建居住小区体育设施现状的调查与分析》，《广州体育学院学报》2000年第1期。

④ 褚波、李刚、刘海鹏：《〈城市社区体育设施技术要求〉标准介绍》，《中国标准化》2007年第4期。

学者们围绕公共体育设施布局存在的现实问题展开研究，认为有关公共体育设施布局政策在"科学规划"与"规范管理"等方面存在不全面、不彻底、不权威的现象。有学者从政策制定的角度出发，认为由于前期没有很好地研究政策，加上缺乏需求现状调查与实践论证，在具体落地实施过程中，出现了公共体育设施建什么、建在哪里等诸多问题，由于基本问题思路不清，导致公共体育设施布局与居民需求相差较远。① 同时，由于制度文件表述笼统、可操作性差，导致体育用地的利用率较低；② 有的学者则认为，由于相关政策存在主体界限不清晰、标准不明确、责任不到位等问题，使得地方政府及相关部门在政策执行上陷入相互矛盾及无法可依、有法不依的境地。③ 所以，学者们建议，应借鉴国外一些成功经验，并根据居民健身的内在需求，制定符合区域发展实际的、操作性强的政策文件。

总体来看，中国体育设施的相关政策法规存在由国家层面向公民层面、由重建设向重管理转化的发展演化历程。④ 中国体育设施政策演化始终紧扣时代发展脉搏，是中国政治、经济与文化发展的时代产物，因中国每个时代的政策方针不同，体育设施政策的内容也在不断变化。体育设施政策始终追求增强全民健康、实现中华民族伟大复兴，新中国成立初期，公共体育设施政策围绕"发展体育运动，增强人民体质"的发展目标制定相关内容；到社会主义和平建设时期，公共体育设施政策围绕中国体育事业"普及与提高相结合，侧重抓普及"的方针；改革开放以来，公共体育设施政策的制定紧贴"体育大国转向体育强国"的发展方针。⑤ 就当前国家体育发展的情况来看，相关政策法规在体育设施设备建

---

① 由世亮：《中国城市体育设施建设布局研究文献分析》，《西安体育学院学报》2015 年第 2 期。

② 刘峥、唐炎：《公共体育服务政策执行阻滞的表现、成因及治理》，《体育科学》2014 年第 10 期。

③ 杨风华、刘洁、肖楠楠：《中国公共体育场馆政策法规演变研究——基于有效供给理论视角》，《成都体育学院学报》2014 年第 2 期。

④ 孙成林、王强、王健：《新中国体育设施政策演进研究》，《西安体育学院学报》2013 年第 4 期。

⑤ 孙成林、王强、王健：《新中国体育设施政策演进研究》，《西安体育学院学报》2013 年第 3 期。

设布局方面发挥了重要的作用，但现行的政策在一定程度上不能完全匹配中国城市体育设施建设布局的需要，现有的公共体育设施布局相关政策法规需要进一步修改和完善，才能更好地发挥体育设施的社会效益。①

（三）公共体育设施布局中外比较的相关研究

国外关于公共体育服务的研究比较系统和成熟，它的成功与经济的发展、民众的参与、政府的引导等是密不可分的。20 世纪 70 年代以前，以竞技体育单体式为主的体育场馆设施建设成为西方发达国家（以美国与英国等为代表）建设体育场馆主要形式，其主要用途为服务大型体育赛事。而 20 世纪 70 年代后随着群众体育的快速发展，以满足群众体育需求与服务大型体育赛事为主要目的的复合式体育场馆设施新模式逐渐流行起来。《体育运动和娱乐设施规则》一书的出版是国外公共体育设施研究的较大突破，其不再就体育设施论体育设施，而是将公共体育设施建设与城市规划紧密结合，取得城市更新发展与公共体育设施合理化的双赢成绩。国外形成体育与经济相互促进的良性循环，构建了良好的体育产业发展模式，发展理念由体育的普及转向体育的普及与提高，而中国体育明显滞后于经济的发展。国外重视民众体育权利，鼓励民众参与公共体育设施的规划设计，按照公平与效率的原则布局公共体育设施，选择性地将重心放在关注重点人群，注重体育设施建设的层次性与多功能性，提供各阶层愿意用、用得上、用得起的场地设施。② 国外学者认为人口密度、服务设施最大作用范围、可达度、街道格局、地区总体经济水平等作为主要影响因素与公共体育设施布局有着较高的关联度。同时，部分国内学者对英国、俄罗斯等体育发展程度较好的国家进行了研究分析，发现两国在布局公共体育设施前，会组织人员进行大范围的市场调研，根据调研结果列出详细的设施规划建设指导方案，并经过严格论证后确定最佳的选址方案，整个布局规划链条环环相扣，从"开始意向"到"落地实施"都对设施质量、实用性进行全程把控，以保证公共体育设施

---

① 由世亮：《中国城市体育设施建设布局研究文献分析》，《西安体育学院学报》2015 年第 2 期。

② 罗攀：《论体育权利与体育公共服务均等化》，《西安体育学院学报》2011 年第 4 期。

规划的有效实施。①

目前，国外的公共体育设施布局非常重视群众体育的发展，纽约、巴黎、新加坡、伦敦等城市的公共体育设施布局实践发展是较为成功的典型案例。这些城市对公共体育设施布局的规划、设计与建设等问题重视得早、研究起步得早，在配套设施制度、政策法规方面都相对完善。随着中国全民健身事业的发展，人们对公共体育设施布局的需求越来越强烈，因此，如何借鉴国外公共体育设施布局开展国内相关研究和实践成为各级政府和学界关注的热点问题。②

（四）公共体育设施布局测评规划的相关研究

公共体育设施作为公共体育服务体系的重要内容，是供给侧结构性改革的重要抓手，对公共体育设施布局的质量进行测评，可有效推动公共体育服务体系的构建与完善。部分学者通过实地调查和数据分析等，研究了中国公共体育设施分布情况，发现中国公共体育设施布局呈现非常明显的差异性，东部地区的布局情况比西部地区优越；由于重视程度、赛事举办地的经济发展程度不同，在同一城市的不同区域，公共体育设施布局水平也不同，城市中心明显优于城郊接合部。③ 基于公共体育设施可达性与公平性指数，有学者利用 GIS 空间分析法，认为由于设施类型、数量及辐射人口差异，体育设施数量多不一定可达性好，可达性好不一定公平性好，而且可达性好也不一定有更多需求；某市中心城区除公共体育空间建设不足以外，布局呈现"核心—边缘"的结构特征，普遍存在内"优"外"患"的情况；进一步结合统计分析的方法，考察某市社区内场地数与人口分布，场地面积与人口数、人口密度、行政区划等因素之间的相关关系，发现整体耦合程度较好，但具体到街道层级之间不

---

① 唐胜英：《英国大众体育场地设施的供给、管理与使用》，《体育与科学》2015 年第 2 期；马忠利、陈浩、王立华：《中、俄 2015 年前公共体育设施建设规划研究》，《西安体育学院学报》2014 年第 3 期。

② 曹璐：《国外城市公共体育场馆服务大众体育发展经验及对中国的启示》，《北京体育大学学报》2016 年第 10 期。

③ 蔡玉军、邵斌：《问题与策略：中国城市公共体育空间集约化发展模式研究》，《天津体育学院学报》2015 年第 6 期；张峰筠、肖毅、吴殷：《城市社区公共体育设施场地的空间布局——以上海市杨浦区为例》，《上海体育学院学报》2014 年第 1 期。

能达到良好的正比关系。[①]

通过测评，有学者发现中国经济发达的东南部地区公共体育设施布局相对完善，而经济发展程度较差的西北部地区，公共体育设施的供给不足较布局不合理更能引起关注；部分地区公共体育设施布局规划设计不合理，群众的体育需求普遍得不到满足。[②] 为使公共体育设施得到公平、高效的利用，满足群众体育需求，研究者通过对不同公共体育空间结构模式的研究，提出了兼顾公平与效率原则，依据行政区和城镇体系划定等级体系；依据可达性确定服务半径，进而保证公共体育设施的数量与规模与该地区人口分布、人口结构特征、人口规模及流动趋势相匹配，保证公共体育设施布局以城市总体规划为依据，与城市总体发展规划相适应。[③]

针对社区这一公共体育设施规划布局的最小尺度，居民的异质性、复杂性等直接影响公共体育服务质量，学者们认为，在社区公共体育设施布局建设中对城市老龄居民的体育健身需求重视程度不够，导致社区空间的人文关怀缺位。[④] 有学者认为，公共体育设施建设布局过分依赖市场，导致公共体育用地经常出现被挤占或挪作他用等现象。[⑤] 为解决公共体育设施布局不合理问题，学者们提出低碳出行等理念，采用"锻炼—住"接近的布局模式，整合利用社区内的其他设施，构建多目的的出行链；或运用 GIS 技术、构建模型等手段，求解社区需新增最少设施点数量及其位置、制定社区体育健身圈的选址方案等。[⑥]

（五）公共体育设施布局管理的相关研究

公共体育设施布局管理是保证公共体育设施优化配置、保障公平的

---

① 金银日、姚松平、林东宁：《基于 GIS 的上海市公共体育设施空间可达性与公平性评价》，《上海体育学院学报》2017 年第 3 期。

② 蔡玉军、邵斌、魏磊、朱昆、王玉兵：《城市公共体育空间结构现状模式研究——以上海市中心城区为例》，《体育科学》2012 年第 7 期。

③ 蔡玉军：《城市公共体育空间结构理想模式研究》，《天津体育学院学报》2012 年第 5 期。

④ 赵民、赵蔚：《社区发展规划：理论与实践》，中国建筑工业出版社 2003 年版，第 44—45 页。

⑤ 朱宏：《基于低碳出行理念的城市社区公共体育设施规划研究》，《成都体育学院学报》2013 年第 3 期。

⑥ 金银日、姚颂平、刘东宁：《基于 GIS 的上海市公共体育设施空间可达性与公平性》，《上海体育学院学报》2017 年第 4 期。

一种不可或缺的手段，实现公共体育设施布局均衡化目标需要管理系统内各部门之间的有机联系。学者们以此为研究方向展开讨论，提出了公共体育设施布局管理的有关理论，其中一个重要的理论是第三部门理论，其强调政府部门与企业之外的所有社会组织，根植于社区可较为有效地弥补"政府失灵"，同时还可一定程度上缓解"市场失灵"。就城市公共体育设施供给而言，城市社区作为公共物品供给的第三部门可发挥较为了解社区居民特点的优势，提供更为精准的服务项目。公共治理理论在体育设施布局管理中也起到了至关重要的作用，它强调重在治理活动中最大化地结合公共治理组织、私人治理机构以及个人管理事务三者的管理能力进行管理，经过协同联合行动，可较容易地降低多方利益冲突从而发挥协作效能，控制和规范各种活动，维护社会秩序。社区公共物品理论也是公共体育设施布局管理研究的又一重要理论。城市文明程度与进步速度的衡量标准之一是城市公共物品数量与质量，新时代人们的需求也从以前单一的生存需要转向休闲、娱乐、健康等高层次需要，因此作为人们参与休闲活动、投入健身活动公共物品的公共体育设施必须不断完善其供给质量与数量。[①] 城市公共体育设施的安全管理问题也受到了学者们的重视，主要集中在公共体育场馆的火灾风险评估、安全疏散以及体育损伤干预等方面。[②] 在公共体育场馆火灾风险评估方面，中国学者多采用 AHP 层次分析模型和模糊理论进行系统分析，主要研究了公共体育场馆的建筑学特点以及场馆消防救援配备特点与标准，并在此基础上针对公共体育场馆的火灾风险源头、消防管理体制机制、场馆具体防火设计以及事故发生后的应急处置制度等进行分析，借助计算机数据处理技术，建立适用于公共体育场馆的火灾风险评估体系。[③] 另外，在公共体育场馆安全疏散研究方面也取得了较大的突破，崔喜红等创新性地引入元胞自动机理念，模拟个体、局部与整体，提出

---

① 王亮:《中国公共体育设施安全管理和服务现状研究》，硕士学位论文，北京林业大学，2016 年；刘雯雯:《中国城市公共体育空间与设施管理模式初探》，硕士学位论文，西安体育学院，2012 年。

② 唐茹萍:《城市社区公共体育设施安全管理存在的问题与对策分析》，硕士学位论文，湖南师范大学，2018 年。

③ 叶祥财、黄海燕:《城市公共体育设施资源共享研究》，《体育科研》2012 年第 6 期。

个体行为的累计导致了从众行为的发生，巧间结构、光暗度等外在因素同时还会诱发从众行为，进而干扰安全疏散效果。① 还有学者从其他角度发现目标群体的安全疏散行为较容易受个体行径的影响（包括个体对路线的熟悉程度、个体对疏散人员的信任度以及个体恐慌表现等），个体特点（性别、差异、文化水平等）会在一定程度上干扰安全疏散行动的执行；事故现场环境也会影响安全疏散行动，如恶劣的火灾氛围会引发场馆内人员的恐慌行为，导致畏惧、自我认知水平下降、盲目跟从等行为和现象的发生。②

有学者提出应从政府角度加大宣传力度、完善公共体育设施安全管理制度、加快建立公共体育服务绩效评估指标体系、加快建设完备的公共体育设施标准体系，等等。③ 有学者提出自治型公共体育设施布局管理模式，认为该模式让社会组织团体有了更多的自主权，避免了政府管理的僵化，通过建设该模式的评价指标体系、运行机制、自治队伍和专业人才改变公共体育设施管理的政府主导地位。④

不少学者认为政府作为管理主体，尚未能充分挖掘行政、法律、经济等管理工具的潜能以及发挥管理客体的应用价值，如国家与地方政府的监管与绩效评估、政府与公共体育设施布局市场、社会的关系处理问题。⑤ 有学者发现管理部门由于各种原因，不愿意向民众开放学校、社区内的体育设施作为全民健身的公共体育资源，这在一定程度上加剧了公共体育设施供需矛盾。⑥ 因此，学者们认为，政府应转变职能，从"领导者"向"服务者"转变，发挥管理工具的作用，健全管理体系，

---

① 崔喜红等：《大型公共场所人员疏散模型研究——考虑个体特性和从众行为》，《自然灾害学报》2005 年第 6 期。

② 郭伟：《体育馆人员安全疏散研究》，硕士学位论文，西安建筑科技大学，2009 年。

③ 王亮：《中国公共体育设施安全管理和服务现状研究》，硕士学位论文，北京林业大学，2016 年。

④ 谭华琼：《宜昌市公共体育设施非均衡管理模式研究》，硕士学位论文，广西师范大学，2018 年。

⑤ 高晓波、陈淑莲、乔玉、苏俊宇、王丽娜：《大型体育场馆的空间布局和功能定位及政府决策》，《体育学刊》2014 年第 2 期。

⑥ 胡莹、马锡海：《可达与共享学校体育设施开放对社区公共体育服务影响的实证研究》，《上海城市规划》2022 年第 2 期。

合理布局公共体育设施，规范市场、社会等各参与主体的职责，鼓励学校、社区体育设施向外界开放，做到公共体育设施之间互通互用，实现同质兼容、互惠共赢。[①]

（六）公共体育设施布局影响因素的相关研究

公共体育设施布局影响因素的相关研究为科学合理布局体育设施提供了较为成熟的理论基础。城市社会地理研究中"地点论"的观点强调公共体育设施布局应与城市居民体育活动对应，因此城市公共设施布局应围绕城市人口分布，可最大化保障参与体育锻炼群体较便捷地享受公共体育设施，同时以住所为出发点参与体育活动是最常见的形式，所以应着重考虑城市居住空间布局公共体育设施。公共体育设施布局也应着重考虑不同群体的多样化需求，健身苑、公园、健身长廊等多为老年人选择的健身场所，而中青年人多倾向于球类运动场馆。人们的健身行为需求会受到性别、年龄、受教育程度、经济水平、所处的家庭阶段、可自由支配时间等因素的影响而表现出多样化，但公共体育设施布局无法匹配多元化的体育活动需求。还有学者认为经济、自然环境、区位条件和场馆容量等因素也左右着场地空间布局模式。[②]

二 国外文献梳理

国外公共体育设施布局相关文献主要集中在六个研究领域，分别是公共体育设施规划的相关研究、公共体育设施布局与健康的相关研究、公共体育设施布局与体育旅游的相关研究、公共体育设施布局对体育参与影响的相关研究、公共体育设施管理的相关研究、公共体育设施供给的相关研究。

（一）公共体育设施规划的相关研究

公共体育设施的规划是一项复杂的系统工程，除了与城市经济发展程

---

① 赵修涵：《权利冲突视域下公共体育设施使用冲突与解决》，《体育科学》2018 年第 1 期。

② 张文新：《北京市人口分布与服务设施分布的协调性分析》，《北京社会科学》2004 年第 1 期；蔡玉军、邵斌：《城市公共体育空间选址与布局影响因素及优化原则——以上海市杨浦区为例》，《体育科研》2015 年第 6 期；韩佐生、杨兰生：《现代体育运动空间布局的原则及发展趋势》，《哈尔滨体育学院学报》1998 年第 1 期。

度相适应、与城市总体发展规划相契合，还应做到公共体育设施布局与自然生态环境相适应、协调。研究表明，在居民区附近拥有更多绿地、蓝色空间或体育设施的人更有可能参加体育运动。公共体育设施坚持以人为中心布局的原则，特别是绿色空间内体育设施的类型和接近程度不仅可以吸引群众参与体育活动，还可以预防心血管疾病和糖尿病。有学者提出公共体育设施布局应考虑街道的连通性、设施的可达性及可用性、邻居之间的社会互动，在考虑公共体育设施可达性的同时，还应从个人活动的时空范围考虑公平性，否则易产生体育设施布局与地区社会经济地位之间的关联性不一致，造成公共体育设施浪费。加强街道的联通性及邻居之间的社会互动摆脱了公共体育设施布局的简单空间模式，把生活的安静、舒适等功能放在首位，强调邻里的亲和氛围和社区活动。[1]

（二）公共体育设施布局与健康的相关研究

公共体育设施是开展健身的重要物质载体，公共体育设施布局的合理性与健康水平之间存在一定的关系。有学者研究发现，健身环境会使行动不便者产生焦虑不安、抑郁寡欢，以至于出现加重行走不便等情况，因此建议政府部门根据行动不便者的健身需求，提供适宜的公共体育设施，以缓解病情。[2] 有学者认为，影响青少年参与体育活动的主要因素是健身场所的可达度和健身设施的功能，否则使青少年及儿童肥胖问题会更为凸显。[3] 所以，学者们认为应从以人为本的角度研究不同群体的健身活动偏好，从有效供给出发，做好公共体育设施的选址、可达度、管理和服务水平，以实现公共体育设施布局的效益最优化、使用效率最大化。

（三）公共体育设施布局与体育旅游的相关研究

体育旅游一般认为是体育与旅游结合的一种健身方式，而公共体育

---

① 于文波：《城市社区规划理论与方法》，国家行政学院出版社 2014 版，第 30—43 页。

② Rantakokko, M. and R. Wilkie, "The Role of Environmental Factors for the Onset of Restricted Mobility outside the Home Among Older Adults with Osteoarthritis: A Prospective Cohort Study", *Bmj Open*, Vol. 7, No. 6, 2017.

③ Timperio, A., J. Salmon, K. Ball, S. J. T. Velde, J. Brug and D. Crawford, "Neighborhood Characteristics and TV Viewing in Youth: Nothing to do but Watch TV?", *Journal of Science and Medicine in Sport*, Vol. 15, No. 2, 2012.

设施作为开展体育旅游必不可少的场地资源,其供给质量直接影响体育旅游产业的发展。良好的公共体育设施布局是建设体育旅游目的地的战略工具,应根据区域地理资源优势,配备高质量、高标准的公共体育设施,加强体育旅游目的地的载体建设,不断吸引体育旅游"回头客"。同时促进体育赛事与旅游活动紧密结合,积极培育体育赛事旅游市场,实现旅游产业与体育产业同步发展。相反,如果公共体育设施布局超出距离阈值,则会产生负空间效应,对旅游开发产生抑制作用。有学者认为残疾人作为旅游、体育和休闲的非主流消费群体,大多数公共体育设施对残疾人而言并非物理上可达,而且旅游雇员没有接受过为残疾人提供适应服务的培训,[①] 这在一定程度上限制了残疾人的活动范围,打消了残疾人参与体育活动的热情。

(四)公共体育设施布局对体育参与影响的相关研究

公共体育设施作为群众进行身体活动的重要载体,其布局是否合理直接影响到群众体育参与的热情。有学者以体育场馆设施的可达度与参与体育活动的关系为研究目标,发现出行方便的体育场馆设施,会激发人们参与体育活动的热情,人们参与体育活动更频繁,特别是抑郁症患者会参加更多的体育活动。[②] 有学者研究认为,体育活动意向与真正参与体育活动呈正相关关系,也就是说,有参与体育活动欲望的人始终会比没有参与体育活动意向的人更多参与体育活动;而良好的体育设施和生态环境是激发青少年参与体育活动的有效手段,会增加体育参与次数。[③] 还有学者对影响公共体育设施服务满意度因素,也就是公共体育服务质量的影响因素做了大量研究,提出经济发展水平是影响公共体育服务非均衡发展的重要因素,公共体育服务资源的可用性可以提高公共体育服

① Cernaianu, S. and C. Sobry, "Aspects of Sports Tourism for People with Disabilities: the Case of France and Romania", *Type Presented at the 6th International Scientific Conference on Kinesiology: Integrative Power on Kinesiology*, Zagreb, Croatia, Sep 08-11 Conference.

② Lee, S. A., Y. J. Ju, J. E. Lee, I. S. Hyun, J. Y. Nam, K. T. Han and E. C. Park, "The Relationship Between Sports Facility Accessibility and Physical Activity Among Korean Adults", *Bmc Public Health*, Vol. 16, Aug 2016.

③ Burgi, R., L. Tomatis, K. Murer and E. D. de Bruin, "Spatial Physical Activity Patterns Among Primary School Children Living in Neighbourhoods of Varying Socioeconomic Status: A Cross-Sectional Study Using Accelerometry and Global Positioning System", *Bmc Public Health*, Vol. 16, Mar 2016.

务效率。① 公共体育设施管理人员的业务能力水平也将较大程度影响公共服务发挥其最大效益，有调查发现公共体育服务的质量由所有公共体育服务的相关资源决定，其中提供服务的人会较大程度影响享受公共体育服务人员的满意度。② 有学者对西班牙运动健康中心活动人员进行调查，发现设施器材以及组织活动对其满意度影响较大，而服务监管影响较低。③

（五）公共体育设施管理的相关研究

由于不同国家的政治制度、文化、经济和环境的不同，公共体育服务领域的多元主体之间的地位、关系和合作方式也会不同，国外公共体育设施的管理模式可以归纳为"政府主导型""有限政府型""市场主导型""有限市场型"四种模式。同时，国外为加强公共体育设施的管理颁发了一系列政策文件。

"政府主导型"模式是指政府是公共体育设施的管理主体，以行政指令为运作方式，政府在公共体育设施生产、服务提供和运营监管中均占据主导地位。例如，新加坡政府实施《体育设施蓝图计划》，建设了体育城、区域体育中心、市镇体育及康乐中心、社区操场等体育设施网络，公共体育设施在规划时就加大对中低收入阶层的关注，对应配备体育设施和场馆。④ "有限政府型"模式是指在公共体育服务领域的多元供给主体中，政府在公共体育设施建设布局中不处于决定性地位，而是由非政府组织通过市场的杠杆作用为社会成员提供健身服务，政府处于次要地位，是市场与社会力量的弥补。例如，英国政府近年来不直接介入体育

① 袁新锋：《公共体育服务质量影响因素与改进策略研究》，博士学位论文，山东大学，2020 年，第 175 页。

② Armada, E., F. Martinez-Gallego, E. Segarra and A. Diaz, "User Satisfaction as a Quality Indicator in the Municipal Sports Service: Perception, Analysis and Evolution." *Sport Tk-Revista Euroamericana De Ciencias Del Deporte*, Vol. 5, No. 1, 2016.

③ Alvarez-Garcia, J., E. Gonzalez-Vazquez, M. D. Del Rio-Rama and A. Duran-Sanchez, "Quality in Customer Service and Its Relationship with Satisfaction: An Innovation and Competitiveness Tool in Sport and Health Centers", *International Journal of Environmental Research and Public Health*, Vol. 16, No. 20, 2019.

④ 曹可强、俞琳：《国外公共体育服务供给模式及启示》，《西安体育学院学报》2015 年第 1 期。

管理，而是借助体育基金会、体育协会等众多合作伙伴的力量提供服务，政府的主要任务是监督和协调。"市场主导型"模式是指市场成为公共体育设施生产和服务的主体，政府仅起到宏观调控作用。"有限市场型"模式是指是在公共体育设施生产和服务领域，政府部门居于核心地位，市场作用相对明显不足，市场仅在公共体育服务供给中发挥有限力量。[①] 例如，日本、美国、英国、德国等发达国家对公共体育设施的管理较为完善，其中最主要的方式即依据本国公共体育设施建设情况及相关人员的体育参与情况颁布了一系列的相关政策文件，以实现公共体育设施管理的规范化与制度化。1961 年日本制定了《体育振兴法》，2000 年出台了《体育振兴基本计划》，最具代表性的《日本体育白皮书》每隔 5 年发行一次。美国 50 个州政府为支持公共体育设施的建设通过法律规定"修建社区公共体育设施，社区政府可通过购买、赞助、赠送、特许等方法获取土地"；不仅如此，"健康公民 2000"还强制纳入社区公共体育设施的数量与质量作为评价标准。1975 年英国颁布了《体育场地安全法案》，首次规定了公共体育设施的数量与具体规划，随后颁布《防火安全和运动场地安全法案》对公共体育设施管理进行了补充和完善。《国家彩票法》规定将彩票收入的三成用于体育事业，这给公共体育设施建设提供了资金保障。《未来的全民体育》这一重磅文件为英国未来十年体育发展提供了战略计划，尤其在助推英国公共体育设施建设、安全管理、布局规划以及资金保障等方面给予了支持。德国的公共体育设施管理较为特殊，在关于公共体育设施管理的法律法规制订方面采取了在政府支持下鼓励社会与市场自治的理念，倡导俱乐部的内部竞争，进而提高社区公共体育设施的安全管理。

（六）公共体育设施供给的相关研究

发达国家公共体育设施供给取得了一系列的成绩和经验。借鉴发达国家先进经验结合中国国情，有利于中国公共体育设施供给改革进程，实现精准化、个性化、全面化的公共体育设施供给侧结构性改革，促进公共体育服务健康、快速发展。有学者指出，在处理公共体育设施供给

① Naul，R.，K. Hardman，*Sport and Physical Education in Germany*，Newyork：Routledge，2002，p. 230.

问题时政府应充当掌舵者的角色，给予一定的政策调控支持，要充分调动市场和社会的力量，实现充分竞争提高公共体育设施供给效率与质量。[①] 有学者提出公共体育设施供给应可达性高（甚至是就近）、低收费或免费开放、定期举行各种优惠活动，才能真正意义上提高公共体育设施的使用率，提高参与人群的参与率。[②] 还有学者的研究表明地区经济发展水平越高，公共体育设施供给越好，同时会采用现代先进的管理技术对公共体育设施进行科学管理。[③] 国外经验表明：首先要摆正政府在公共体育设施供给中的"引导"角色而不是"主演"角色，鼓励社会与市场的融合，构建优势互补、竞争有序、效益最大化的供给体系；其次要重视均等化发展，保证社会成员享有平等和公平的使用权和被服务权；最后要加强公共体育设施供给过程中及供给后的监管工作，保障公共体育设施供给的效率与公平。

第三节　本章小结

通过对国内外公共体育设施布局相关文献进行统计分析，发现近年来公共体育设施布局问题受到国内外学者的广泛关注，发文数量呈波浪式增长。在发表源方面，国内公共体育设施布局的研究分布于期刊论文，硕士、博士学位论文以及会议论文等，核心期刊中《体育文化导刊》收录相关文献最多。从国外看，美国发表文献数量最多，其次为英国、加拿大和荷兰；公共体育设施布局研究内容得到拓展，相关文献已经在公共卫生、健康教育、环境与健康等相关期刊上发表。

国内公共体育设施布局的研究内容与国家经济发展环境、政策引导

---

① ［美］珍妮特·V. 登哈特、罗伯特·B. 登哈特：《新公共服务：服务，而不是掌舵》，丁煌译，人民大学出版社 2016 年版，第 3—6 页；［英］胡德等：《监管政府》，陈伟译，生活·读书·新知三联书店 2009 年版，第 25—28 页。

② Fitzpatrick, J. J., "The Power of Positive Thinking", *Nursing and Health Care Perspectives*, Vol. 20, No. 6, 1999.

③ Gordon-Larsen, P., M. C. Nelson, P. Page and B. M. Popkin, "Inequality in the Built Environment Underlies Key Health Disparities in Physical Activity and Obesity", *Pediatrics*, Vol. 117, No. 2, 2006.

等密切相关，主要集中在相对宏观的层面，如公共体育设施布局理论、政策、中外比较、测评规划和布局管理，但在公共体育空间营造方面存在一定的人文关怀缺位。而国外研究更具实用性，研究对象更为具体化，倾向于青少年与儿童，更加注重健康、体育参与及环境层面，但从全局的角度考虑布局的研究还有待深入。

国内公共体育设施布局多从体育学的角度进行研究，缺乏一定的理论基础，国外研究虽已拓展到其他领域，但尚未能构成一套系统的理论体系。公共体育设施布局作为空间规划系统中的组成要素，与其他要素相互联系、相互作用方可充分发挥效用。此外，相关研究从公共体育设施布局多学科领域入手，注重整合环境科学、社会学、经济学、生态学等多学科理论知识，综合考虑人、时间、空间等多维影响因素，构建一个充满活力的、可持续的、健康的空间系统，完善公共体育设施布局理论体系。

国内研究方法主要以文献研究、调查研究、模型研究等为主，研究视角逐步从"理论型"向"实践型"转变，GIS、GPS 技术的应用逐渐得到重视。国外研究方法多元化，多种研究方法的交叉使用成为国外研究的特色，多种研究方法的混合使用实现了多学科之间的相互渗透，但其他学科研究方法套用到公共体育设施布局方面是否可行仍需进一步验证。总体来看，当前研究方法仍然以文献研究与调查研究为主，文献研究法的局限性使研究视野较为宏观，而调研类文献缺乏调查样本选取依据、选取数量的具体描述，从而使数据的真实性与可靠性遭到质疑。数学模型等方法的引入虽在一定程度上使研究视角从"理论型"向"实践型"转变，但验证模型可行性的研究较少，而且存在研究过于理想化、数据过于复杂化等问题，导致研究成果很难被转化。公共体育设施布局属于空间规划的一部分，需要从"城市—环境—人"这一角度考虑，积极引入其他学科研究方法，将质性研究与量化研究相结合，做到"引进来、走下去"，实现科研成果直接转化为实践应用。

第三章　公共体育设施布局的
理论基础

公共体育设施布局的相关理论既包括与其他公共设施整体规划相一致的系统理论，也包括公共体育设施布局的空间理论、公共体育设施布局的经济理论、休闲理论、休闲体育空间的人居环境理论（见图3-1）。基于这种认识，本章对公共体育设施布局的相关理论进行了梳理与解读。

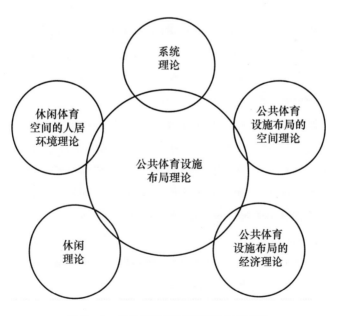

图3-1　公共体育设施布局的相关理论

第一节　系统理论

一　系统理论的内涵

从字面意思看，"系统"由"系"与"统"两个字组合而成。"系"有两层含义：一是多，即系列，单一对象构不成系列，一个系统中必定包含不止一个对象；二是联系，即拴、绑，系统中的多个对象被拴绑、联系在一起。"统"有统合、统一等含义，系统与其所包含的对象之间是统与属的关系，系统意味着合多为一、一统领多、多隶属于一。而现代系统理论把研究对象看作一个整体进行分析，其整体性是系统研究的核心，也就是从整体出发，围绕"系统、要素、结构、功能"四个概念体系，研究系统与要素、系统与环境、要素与要素之间的相互关系。

二　系统方法的基本原则

系统关系十分复杂，但无外乎四个方面的基本关系：整体与部分、整体与层次、整体与结构、整体与环境。由此，系统方法有以下四个基本原则。

（一）整体性原则

整体性原则就是把公共体育设施布局看作由各个要素构成的有机整体，从整体与部分相互依赖、相互制约的关系中揭示公共体育设施布局的特征和运动规律，研究公共体育设施布局的整体性质。此外，针对公共体育设施布局而言，遵守整体性原则意味着注重各要素或子系统的相互作用，而不是各要素性质的机械之和。

（二）层次性原则

遵循层次性原则就是处理好局部与整体关系的重要内容。本书所探讨的系统就至少有整体和局部两个层次，整体属于高层次，局部属于低层次。只有两个层次的系统，对组分进行整合可以直接产生系统的整体涌现性，无须先形成子系统，也就不会有中间层次，因而通常不称其为层次结构系统。

（三）结构原则

遵循结构原则就要遵守要素之间相互联系、相互作用、相互制约这一原则，维系系统元素间相对稳定状态的关联并构建整体构架。因为系统的结构既千差万别，又呈现某种同型性，所以难以给出一个完备的分类。

（四）环境相关原则

遵循环境相关原则就是在系统研究中时刻考虑环境对系统提供的资源、条件以及施加的约束和限制。主要原因在于系统的整体涌现性不仅取决于内在的组分和结构，还取决于外在的环境，因为外部环境会为系统演化发展提供资源和条件，会对系统整体涌现性的形成产生不可或缺的环境效应。

三　系统理论对公共体育设施布局的启示

系统理论提供了一种基于整体性、层次性、结构性和环境相关性的科学思维方式，为解决公共体育设施布局的复杂系统问题提供了指导性策略。

（一）公共体育设施布局应基于整体考虑

公共体育设施布局是一个较为庞大的复杂系统，因而其规划建设需要政府部门的推动、社会力量的积极参与、公众健身意向的满意度识别、城市整体规划的土地利用、场地设施的物理环境以及科学健身为导向等系统要素互促互进。另外，随着人们生活方式的变化，特别是对健康生活新愿景要求的提升，传统的健身步道、健身路径等公共体育设施已经无法满足人们的多元化健身需求。在新的公共体育设施布局中，要通盘考虑公共体育设施的可达度、科学性、宜居性以及交通的便利程度、物理环境优化度等系统要素。

（二）系统理论为公共体育设施布局提供新思路与新方法

首先，公共体育设施的布局要从整体把握空间系统的总体特征，避免传统的"只管建设、不管使用""只管建设、不管适用""只要空地、没有规划""只顾眼前、不管未来"等一系列问题。其次，系统理论有助于解决城市公共体育设施的多样性、层次性和综合性等科学布局问题。最后，运用系统理论动态研究和解决公共体育设施布局整合的机制问题，有助于把握全人群、广覆盖、全时段等涉及居民健身活动影响因素的本质和致因。

第二节　公共体育设施布局的空间理论

一　城市空间结构体系

城市空间的内涵最早可追溯到地理学的空间观。城市空间"把人与活动聚集到一起，又把他们挑选出来，分门别类安置在不同的邻里和功能区"[1]。城市空间不但具有物质属性、生态属性，还具有经济属性、社会属性等。实际上，城市空间的结构要素主要由城市自然要素、城市物质要素、城市经济要素和城市社会要素等组成（见图 3-2）。城市自然要素主要包括城市地下水资源、大气、生物、阳光、土壤、岩石等；城市物质要素主要包括公园绿地、道路广场、公共设施等；城市经济因素包括第一、第二、第三产业的发达程度；城市社会要素主要包括人口质量、社会阶层、就业职业、文化认知等内容。[2]

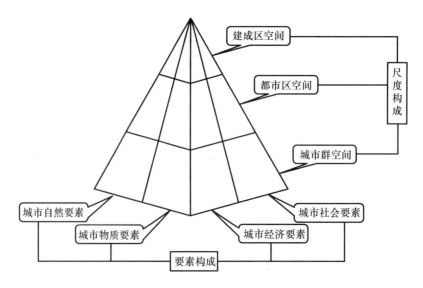

图 3-2　城市空间结构

---

① 冯维波：《城市游憩空间分析与整合》，科学出版社 2009 年版，第 39 页。
② 冯维波：《城市游憩空间分析与整合》，科学出版社 2009 年版，第 41 页。

二　城市公共休闲空间理论

城市公共休闲空间理论指导如何在有限的城市空间内公平合理地配置公共设施，从而提高居民生活质量。中国城市公共休闲空间研究多以立足本土、服务于城市建设的实证性研究为主。从研究的理论基础和视角来看，主要分为两个大的方向：沿袭城市化研究的思路，对城市功能空间特征深度思考；以时间地理学为基础，立足于日常行为视角的城市空间特征分析。

三　城市公共空间休闲活动理论

从根本上说，城市公共空间是市民社会生活的场所和多元文化的载体，其目的是满足公众日益增长的休闲活动需求，因而公共空间建设的整体质量直接影响城市的综合竞争力和居民的满意度。从空间的角度而言，居民活动能力和休闲活动场所可达度受限，通常表现为城市资源配置不合理、城市交通拥堵影响出行等外部因素的制约，造成城市公共空间供给不合理、不平等、不科学等诸多问题（见表3－1）。

表3－1　　　　　　　　　　**个体和家庭活动的时空实践**[①]

文献索引	表现法	实现情况	分属领域
Cartwright, 1951	生活空间	领域理论	6
Wolpert, 1965	行动空间	理论模型源于卢因（Lewin）（1951年）	1
Wolpert, 1967	都市区迁移领域	基于指数距离区域的投影方向扇面	1
Hurst, 1969	移动空间；核心，中值，外延	概念模型	5
Moore, 1970	城市联系区域	可能密度函数	6
Hagerstrrand, 1970	制约时空轨迹	理论模型	6、3
Brown et al., 1970	期望区，意识空间，间接联系空间	理论模型	1

① 赵莹：《城市居民活动空间：基于时空行为视角的研究》，东南大学出版社2016年版，第37页。

续表

文献索引	表现法	实现情况	分属领域
Horton et al.，1971	活动空间从属于行动空间	基于分区的熟悉指数	5
Johnston，1972	分类活动空间从属于均质群体的统一行动空间	趋势面	1
Lenntorp，1976	时空棱柱，潜在路径空间（PPA），潜在路径区域（PPA）	概念与操作定义	2、3
Burns，1979	时空棱柱，PPA	概念的时空棱柱结合椭圆 PPA	2、3
Zahavi，1979	出行可能区域	标准偏差椭圆	4
Backmann et al.，1979	出行可能区域	理论模型与实证（椭圆密度函数）	4
Miller，1991	PPA	GIA：网络算法	2、3
Colledge et al.，1994	可能活动地点	GIS：最短路径，缓冲区	5
Newsome et al.，1998	可观察的活动空间	GIS：职住出行链的椭圆模型	5
Dijst，1999	实际活动空间	GIS：圆，椭圆，线性	5
Kwan，1999	PPA，日常 PPA	GIS：日常潜在路径区域（DPPA）	2、3、5
Theriault et al.，1999	地理对象集	GIS：凸起，离差椭圆	5
Miller et al.，2000	时空可达性测量	GIS：计量经济学，时空效用函数	2、3
O'Sullivan et al.，2000	时空等差线，时空位置	GIS：等差线	3
Weber et al.，2002	PPA，DPPA	GIS：DPPA	2、3
Kim et al.，2003	时空棱柱，PPA	GIS：PPA，条件服务区域	2、3
Scott，2003	时空棱柱，PPA	GIS：PPA	2、3、5
Schonfelder et al.，2003	可观察的活动空间	GIS：核心，椭圆，最小生长树	5
Miller，2005	时空路径，棱柱，生命线，驻点，组合，交叉点	概念的理论分析发展	2、3、4

注：1 为城市迁移；2 为时间地理学；3 为可达性；4 为出行量；5 为活动—移动行为；6 为其他。

第三节 公共体育设施布局的经济理论

一 供需平衡

供求平衡理论是经济学理论，也是应用经济学的有效分析工具。需求与人类的消费愿望密切相关，而供给与社会资源的稀缺程度紧密相关，"供给的数量和规模取决于需求的质和量，而需求的广度和深度又依赖于供给的质和量，两者既彼此共存，又相互对立"①。由于存在供给资源的稀缺性，导致人们的潜在需求总是超过社会的潜在供给。供需平衡就是要根据社会实际情况，或从需求角度调整有限供给，或从供给角度调整增长需求，或同时扩大供给和缩小需求以达到供给与需求平衡。

公共体育设施供给和居民休闲健身需求是全民健身事业的两个主要环节，二者是推动全民健身国家战略高效发展的重要基础。实际上，公共体育设施作为公益产品，应该以政府部门为主向社会成员提供，其有效供给是满足居民体育健身需求的前提，但随着市场经济的发展，运用市场杠杆作用调节供需矛盾，向社会提供优惠或免费的商品服务或体育劳务，是完全可以做到的。目前，通过政府购买第三方服务实现公共服务的均等化发展已经在一些地方试行。因而，公共体育设施供求平衡是公共体育场地设施供给情况与居民体育需求之间的均衡情况，理想的状态是形成两者之间的耦合机制达到动态平衡。

二 增长极理论

被认为是西方区域经济学中经济区域观念基石的增长极理论，是由法国经济学家佩鲁（Perroux）在 20 世纪 50 年代提出的。该理论认为，由于经济增长在高度工业化的社会条件下不是均匀分布的，一个国家要实现经济平衡发展只是一种理想。一是主导经济部门与其他经济生产相互联系，会对经济增长存在极化效应，所产生的效果往往要比它自身发展的效果好。二是技术变化与创新对经济增长有重要作用。发展的结果是该区域的某些

---

① 卢玉雪：《济南市社区公共体育设施供需现状与对策研究》，硕士学位论文，山东大学，2016 年，第 30 页。

生产超过本身的需求,有日益增加的产品输出。三是极化依赖于推进型企业。增长极通过集聚和扩散作用于周围地区,集聚就是将周围区域极具潜力的自然资源及社会资源吸引过来;扩散就是为上下游产业链提供市场。四是推进型企业可以带动区域经济增长,形成区域性的经济增长极。

《国务院关于加快发展体育产业促进体育消费的若干意见》,"到2025年,体育产业总规模超过5万亿元"[①]。公共体育设施作为全民健身事业的物质载体,必然引发体育经济的快速增长;体育产业作为"朝阳产业",其集聚和扩散过程必然推动地区社会经济的结构调整和快速发展。首先,公共体育场馆设施主要服务于综合性体育赛事、职业体育联赛和全民健身事业,这些赛事或活动均具有稀缺性特点,因此公共体育场馆设施同样具有稀缺性的特点。其次,公共体育场馆设施是高技术产物,同时公共体育场馆设施的建设和管理必须具有高度的创新能力,而科学技术创新对城市增长极具有促进作用。最后,公共体育场馆设施的建设往往能够促进推进型企业的产生,许多以体育场馆运营管理为主业的公司上市就是最好的例证。

三 休闲经济理论

休闲经济是人类社会发展到普通老百姓拥有闲暇时间和可支配的经济收入前提下产生的经济现象,它是指"建立在休闲的大众化基础之上,由休闲消费需求和休闲产品供给构筑的经济形态"[②]。它一方面体现着人们在闲暇时间的休闲消费活动;另一方面也体现着休闲产业对休闲消费品的生产活动。

休闲经济的形成是以物质文明为现实基础的。人类无论是在农业社会、工业社会,还是在信息化社会,其经济活动一直是劳动性经济,即以追求物质财富为目的。当人类进入知识经济时代后,创造财富的形式发生了翻天覆地的变化,在占有巨大物质财富的基础上,建立了高度的物质文明,迎来了梦寐以求的"休闲时代":经济活动的目的、价值观

---

① 国务院:《关于加快发展体育产业促进体育消费的若干意见》,http://www.gov.cn/xin-wen/2014-10/20/content_ 2767791. htm。

② 王琪延:《休闲经济》,中国人民大学出版社2005年版,第6页。

念、劳动效率、工作形式等发生了巨大变化。2000 年以来，中国现行的休假制度在推动休闲经济的形成、促进休闲产业的发展等方面发挥了巨大作用，尤其在促进产业结构调整、拉动内需、促进消费、解决就业、盘活经济、繁荣市场等方面，展现出前所未有的生机和活力，成为一种新的经济形态。实际上，休闲经济不仅是一种消费行为，也是一种生产活动，因为休闲经济的生产和消费多数是同时进行的。

休闲经济与人类的闲暇时间密切相关。因为人类每天的时间主要由工作时间、生活必需时间和闲暇时间组成，在前两种时间相对不变的情况下，科学利用闲暇时间就成为人们提高生活品质最为宝贵的财富，为人们健身锻炼、读书看报等休闲活动提供了保证。因此，如果说工作（学习）是为了实现自我价值、服务于经济社会发展的需要，并获得相应生活物质需求的话，那么"休闲活动就成为体悟人生价值与意义、获得精神自由的自觉行为"[1]。

在传统经济学理论中，休闲被认为是不创造价值的。特别是在中国语境中，"闲事生非""业精于勤"等传统观念认为，休闲消费被认为是反经济的，是对生产力发展有害的，闲暇时间里的放松和自由活动是没有价值的，也不会创造价值，是对价值的一种消耗，不只没有产出，还会消费大量的时间和金钱。在劳动生产力水平较低的社会里，这种思想是可以理解的，因为生产率很低，必须通过延长劳动时间获得更多报酬。但随着科学技术的不断进步和劳动生产率的不断提高，人们会获得更多的闲暇时间，这就为人们追求梦寐以求的惬意生活提供了机会。

四 钻石模型理论

迈克尔·波特（Michae E. Porter）在其《国家竞争优势》一书中提出了"钻石模型"（又称国家竞争优势理论）这一分析竞争力的典型范式，由于翻译以及文化的不同。书中提到其在考察德国、日本、意大利、韩国、瑞士等工业竞争力较强、发展水平较高的 10 个国家的多项产业后，充分探索并重新组合"五力分析"与"价值链"等概念要素，最终

---

① 石振国：《休闲体育的哲学思考》，《山东体育学院学报》2011 年第 10 期。

提出了影响国家竞争力的六大要素：生产要素、需求条件、相关产业与支持性产业表现、企业战略及同行竞争、机遇、挑战。波特指出要充分兼顾六大要素，促进其协调发展，共同助力国家或产业的高质量发展（见图3－3）。为保障公共体育设施布局的科学化与经济化，更要充分考虑六大要素的协调匹配。

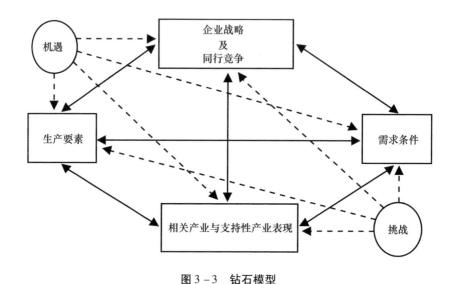

图 3－3　钻石模型

资料来源：根据相关资料整理所得。

　　生产要素是公共体育设施发展的基本性保障，指体育设施供给过程中的自然、人力、资源等各类资源。具体而言，自然资源、区位优势等自然禀赋要素主要为初级生产要素，而保障公共体育设施供给的相关技术人才、现代化信息技术（5G、人工智能、物联网等）等非自然要素则为高级生产要素。

　　需求条件是公共体育设施发展的重大内驱力，是指市场中的消费人群对公共体育设施产品以及服务的需求程度。促进国内国际双循环则成为当下提升公共体育设施竞争力的核心，也是提升场馆业产业竞争力的核心，其中国内市场尤为重要，可通过加大场馆业规模进而提升产业发展效率。

　　相关产业和支持性产业可与主体产业形成协同网络，公共体育设施通过相关产业在体育及相关资源、体育及相关技术、体育及相关服务等方面的精准化补给，推动主体产业发展，可反哺相关产业增质提效，进而形成互利共生的发展格局。

企业战略及同行竞争则需要规划产业战略或年度规划，优化生产营销策略以及产品结构，从而获取一定的竞争优势，立足于本产业领域。

机遇和挑战作为辅助性要素也发挥着不可替代的助推作用。针对公共体育设施布局来说，机遇和挑战主要涉及体育用品制造业的重大技术突破、体育设施与信息技术的融合创新以及数字化时代的来临等，机遇和挑战的来临可导致公共体育设施产业的环境突变从而促进企业的科学化转型。整个过程在市场的调控中不断发展演变，但政府的干预又是产业可持续发展的重要因素。在中国，尤其对新兴产业来说，市场这只"无形的手"需要政府的扶持、引导、培育才可发展壮大，而政府主要通过颁布财税政策、购买服务以及政策鼓励等手段影响企业战略，为企业发展指明方向。

第四节 休闲理论

一 休闲理论发展的社会背景

原耶鲁大学校长、美国职业棒球联盟会长 A. 巴特利特·吉亚玛提（A. Bartlett Giamatti）认为，"如果你想了解一个社会，观察它如何娱乐比观察它如何工作来得深刻"[1]。因为休闲、娱乐等精神生活无处不在、无人不能、无时不有。休闲娱乐"无处不在"——不管是假期里日渐疯狂的国内外度假旅游，还是街头巷尾的中国特色"广场舞"；不管是到现场观赏各类体育比赛，还是"驴友"痴迷远足、探险；不管是在城市，还是在乡村，休闲娱乐无处不在。事实上，人们的休闲活动表现出的最大特征是"无组织"，是人们根据个人喜好，随意建立的"自发组织"。休闲娱乐"无人不能"——无论是年龄层次、生命阶段、文化背景、社会地位、性别特征，还是在公园里、街道边、体育场、游泳馆等场景；从无需太多技能的健步走、慢跑到风靡城市的"马拉松"；从追逐嬉戏到太极拳剑，无不透出人们的休闲娱乐诉求。休闲娱乐"无时不有"——

---

① 鲁开宏：《休闲城市研究》，深圳报业集团出版社 2013 年版，第 98 页。

户外活动、体育活动、社会交往等在日常生活可以随时进行。

二 休闲理论的分类

休闲理论大致可分为经典理论、近代理论和现代理论三类。经典理论主要包括剩余能量理论、本能理论、放松理论和成熟理论（见表3-2）。这些理论是以儿童游戏为基础，从人性角度解释休闲娱乐理论的形成机制。例如，剩余能量理论强调游戏是动物使用剩余能量的活动，人体能量可以储存，但容量有限，超越一定的限度就要释放。本能理论认为遗传因素是游戏行为的动因，儿童游戏可以完善生存技巧，适应成年阶段的生活需求。放松理论认为游戏不是发泄能量，而是在工作疲劳后恢复精力的一种方式，人类需要有利于身体和精力健康的活动来消除紧张工作带来的压力。近代理论主要关注休闲娱乐行为的内涵与目的，解读休闲娱乐行为的价值与意义，主要包含补偿理论、类化理论、发泄理论、精神分析理论、发展理论等（见表3-3）。现代理论主要分为能力动机和激励寻求两种。

表 3 - 2　　　　　　　　　　　　经典理论

代表理论	主要观点	代表人物	缺点
剩余能量理论	儿童在维持正常生活外还有剩余能量需要发泄，由此产生游戏。游戏是使用剩余能量的活动，人体能量可以储存，但容量有限，超越一定的限度就要释放	英国社会学家、心理学家 Spleer 德国思想家 Schiller	无法解释在体力和智力都很疲劳的情况下仍要从事游戏活动
本能理论	遗传因素是游戏行为的动因，儿童游戏可以完善生存技巧，适应成年阶段的生活需求	德国心理学家 Cyoos	忽视了人的学习能力
放松理论	游戏不是发泄能量，而是在工作疲劳后恢复精力的一种方式，人类需要有利于身体和精力健康的活动来消除紧张工作带来的压力	德国社会学家 Laza-rus，Patrick	
成熟理论	游戏是儿童操作某些物品的活动，不是本能，而是一般欲望的表现。引起游戏的三种欲望：排除环境障碍获得自由，发展个体主动性的欲望；适应环境与环境一致的欲望；重复练习的欲望	荷兰生物学家、心理学家 Buytendijk	

资料来源：笔者总结。

表 3 – 3 近代理论

代表理论	主要观点	代表人物	缺点
补偿理论	通过娱乐来满足心灵的需求，补偿工作中的不顺心		忽视了学前儿童，假设工作是有害的
类化理论	工作中的积极体验会延伸到休闲活动		假设工作至少在某些方面是有益的
发泄理论	把不满的情绪引到社会可接受的活动上来发泄		不能解释休闲能够放松的原因
精神分析理论	本着唯乐原则，以充满娱乐的方式重复一些强烈不满的体验	奥地利心理学家 Freud	偏重潜意识，未重视休闲的社会性
发展理论	游戏是儿童心理、智力发展的结果，反过来又会增加智力的复杂性，不同智力阶段的游戏方式不同		
认知理论	游戏是儿童认识新的复杂客体和事件的方法，是巩固和扩大概念、技能的方法，是使思维和行动结合起来的方法	瑞士心理学家 Piaget	
学习理论	游戏是学习行为，遵循效果律和练习律，受到社会文化和教育要求的影响	美国心理学家 Thorndike	
自我实现理论	娱乐是人们自我表达动机的结果，人类作为积极的、精力充沛的动物，需要找到释放能量的途径		
平衡理论	人们选择多种休闲活动在于保持生活的平衡		

资料来源：笔者总结。

第五节 休闲体育空间的人居环境理论

一 人居环境理论的源起

中国城市化飞速发展对城市建设提出了新的挑战，需要新的理论来指导解决聚居、社会和环境等问题。1993 年，以吴良镛院士为代表的专家针对城市建设中的实际问题，第一次正式提出了"人居环境科学"的人居环境理论，尝试建立一种以人与自然的协调为中心、以居住环境为研究对象的新的学科群。① 他们认为，人居环境理论的核心是"人"，所以应把城市规划提到人类生存环境的高度，注重满足人生活起居的各种需求。适宜居住的环境是人类最基本的、最普遍的要求，但在当今世界里，并非轻而易举的任务，它需要人们做极大的努力才能实现，中国的情况也是如此。②

二　人居环境的系统构成

按照系统论思想，人居环境可分为自然系统、人类系统、社会系统、居住系统和支撑系统五大系统（见图3-4）。

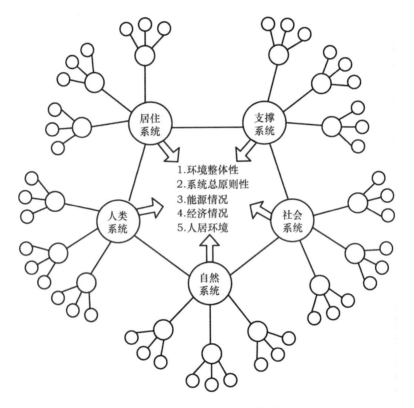

图 3 - 4　人居环境系统模型

资料来源：吴良镛：《人居环境科学导论》，中国建筑工业出版社2001年版，第40页。

---

① 吴良镛：《人居环境科学导论》，中国建筑工业出版社2001年版，第37页。
② 吴良镛：《吴良镛学术文化随笔》，中国青年出版社2002年版，第46页。

　　自然系统侧重于与人居环境有关的自然系统机制、原理和实践分析。既包括气候、水、土地等自然环境，更应涵盖适宜人生存与发展的水资源、土地资源、生物资源以及气候资源数量与质量的生态环境。作为个体的聚居者，人类系统侧重于对物质需求与人的生理、心理、行为有关的机制、原理与理论分析。社会系统主要包括公共服务、社会关系、法律保障、文化特征、社会分化、经济发展、健康与福利等。居住系统主要包括住宅区、社区设施等。城市是居民共同生活和社会交往的场所，因而人居环境理论关注的核心问题是如何安排居民共同生活的公共空间。支撑系统是指为人类活动提供支持的所有人工和自然的联系系统、技术保障系统，以及经济、法律、教育和公共管理体系等。

三　休闲体育空间与人居环境的关系分析

　　从上面的分析可以看出，一个完整的休闲体育空间系统包含五个方面。第一，由住宅区、社区设施、城市绿地等组成的居住系统。其中休闲与居住环境相伴，公共场所是生活的空间，更是居民休闲体育活动的场所。居民休闲体育活动空间已经成为人们生活方式的空间之一，住宅区、社区设施、城市绿地等空间环境的优良程度是人们感受幸福度的重要保障。第二，由承载休闲体育活动相关的公共服务设施组成的支撑系统。居民休闲体育活动需要相关的公共服务设施，体育健身设施必不可少，也离不开数字技术与科技元素的植入，出台公共体育设施规划和专门化政策工具精准供给尤为重要。第三，由社交网络、社会体育文化、社会保障措施等组成的社会系统。居民参与休闲体育活动过程中，形成了人与人之间的交往关系网络，与社会体育文化、社会保障措施等密切关联。第四，由区域环境、城市生态等组成的自然系统。居民休闲体育活动与区域环境、城市生态系统、自然环境保护等方面是密切联系的，接触自然是居民休闲体育活动的一个重要内容。因此，对于城市居民，比起工作、日常家务等其他活动，居民休闲体育活动与自然系统的关系更紧密，城市的绿色空间与居民休闲体育活动空间在很大程度上叠合在一起。第五，居民休闲体育活动需求是"人类的基本需求"，人类系统也尤为重要。居民休闲体育活动已经成为人们日常生活的重要内容，是生活质量的集中体现。这些要素与居民休闲体育活动形成了必然的相互关系（见图 3 – 5）。

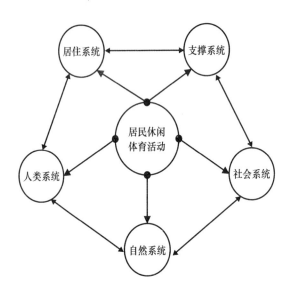

图 3 – 5　休闲体育空间与人居环境系统的关系

四　休闲体育空间基本要素的相互关系分析

如图 3 – 6 所示，休闲体育空间系统不同要素之间具有密切的关联关系。作为核心内容，空间设施、其他支持系统等系统要素都为休闲体育活动服务，并围绕休闲体育活动的需求和活动内容展开；设施空间是承载休闲体育活动的物质环境条件，是休闲体育活动城里的基础，它随休闲体育活动需求的变化而不断变化，反过来也影响休闲体育活动的质量；休闲体育支持系统为居民参与休闲体育活动提供了更多的选择机会，又为休闲体育活动的良好开展提供保障。它需要引导居民休闲体育活动的方向、保障休闲体育活动设施的供给，并通过相关休闲政策、法律法规等手段影响休闲活动的质量，从而影响休闲体育活动发生、发展；居民参与休闲体育活动的结果，将带来城市经济、社会、文化、生态等方面的变化，从而影响城市发展的综合效益。当然，积极向上的休闲体育活动将给城市发展带来良好的经济和社会效应，这是休闲体育支持系统存在的终极目标，也是研究休闲体育空间与公共体育设施布局耦合机制的意义所在。

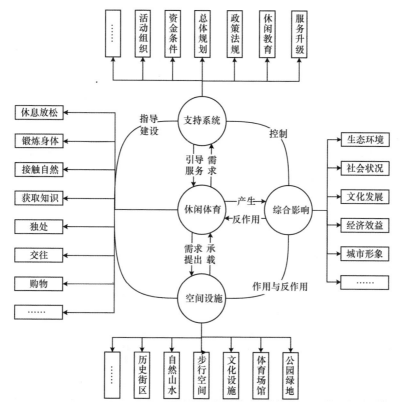

图 3 - 6　休闲体育活动基本要素的相互关系

资料来源：王珏：《人居环境视野中的游憩理论与发展战略研究》，中国建筑工业出版社 2009 年版，第 80 页。

第六节　公共体育设施布局分类

一　按空间综合特征划分

目前，学术界尚未对城市休闲空间达成一致意见，也没有一个公认的分类标准，所以公共体育设施空间分类更是无从涉及。但吴必虎等[①]针对城市空间不同的使用类型，采用自下而上归类的方法，首先提出了"城市公共游憩空间分类系统"。他们将城市公共游憩空间划分为 2 个

---

　　① 吴必虎、董莉娜、唐子颖：《公共游憩空间分类与属性分析》，《中国园林》2003 年第 4 期。

服务组、10 个主类、37 干类、40 支类。其中，2 个服务组为"主要面向本地居民"和"面向外来游客及本地居民"；"主要面向本地居民"有 5 个"主类"，分别为城市公园，道路及沿街绿地与环境设施，大型城市绿地，文化体育设施，公共休闲空间、城市步行空间；"面向外来游客及本地居民"有 5 个"主类"，分别为城市滨水休闲空间、文博教育空间、商业休闲空间与商业设施、城市特色建筑和构筑物、旅游景区（点）及设施（见表 3 - 4）。由此，我们可以按照"城市空间综合特征"，将城市公共体育设施的空间"主类"归为"城市公园""文化体育设施"和"公共休闲空间、城市步行空间"。

表 3 - 4　　　　　城市公共游憩空间分类系统

服务组	主类	干类	支类
主要面向本地居民	城市公园	市、区级综合性公园	市级公园、区级公园
		居住区公园，动物园，植物园，儿童公园	
		其他专类公园	体育公园，交通公园，雕塑公园，盆景公园，专类植物园
	道路及沿街绿地与环境设施	沿街小游园，道路红线内绿地，街旁绿地及设施	
	大型城市绿地	环城绿带（休闲带），郊野公园，市内大型绿地，公墓陵园	
	文化体育设施	文化娱乐场所	工人文化宫，劳动人民文化馆，工人俱乐部，民族文化宫，青少年宫地区文化馆，社会公益活动机构
		艺术剧场	多功能剧场，歌舞剧场，话剧院，音乐厅，杂技厅，电影院
		体育场馆	体育场馆
			高尔夫球场
	公共休闲空间	小区休闲空间	宅旁绿地，邻里休闲园，儿童游戏场，校区体育运动设施
		单位内部休闲空间	
	城市步行空间	城市广场	交通集散广场，市政广场，市民广场，纪念性广场
		步行街	商业步行街，步行林荫道

续表

服务组	主类	干类	支类
面向外来游客及本地居民	城市滨水休闲空间	滨海休闲区，滨湖休闲区，滨江、江河休闲区	
	文博教育空间	博物馆，展览馆，美术馆，艺术馆	
	商业休闲空间与商业设施	城市商务中心区，城市特色商业街区，食宿娱乐场所	
	城市特色建筑和构筑物	建筑综合体（群），独立建筑	
	旅游景区（点）及设施	城市旅游公园	主题公园，名胜公园，野生动物园，水族馆（海洋公园），观光农业园，游乐园
		城市史迹旅游地	历史地段（街区），纪念地，遗址
		城市风景名胜区，旅游度假区，（休疗养区）宗教寺观	

资料来源：吴必虎、董莉娜、唐子颖：《公共游憩空间分类与属性分析》，《中国园林》2003年第4期。

二　按城市用地性质划分

按照城市用地性质划分，公共体育设施布局类型可以划分为：居住地（R）中具有休闲体育功能的绿地（R14、R24、R34、R44）；公共设施用地（C）中的游乐用地（C36）、体育场馆用地（C41）、体育训练地（C42）；道路广场用地（S）中的游憩集合广场用地（S22）；绿地（G）中的公园（G11）、街头绿地（G12）、具有游憩功能的园林生产绿地（G21）；水域或其他用地（E）中的具有休闲体育功能的水域（E1）、园地（E3）、林地（E4）、牧草地（E5）等。按照《城市居住区规划设计规范》，中国城市社区文化体育设施用地指标见表3-5。

表 3 – 5　　　　　　　　中国城市社区文化体育设施用地指标　　　　　　单位：平方米

居住地		小区		组团	
总用地	人均用地	总用地	人均用地	总用地	人均用地
225—645	0. 22—0. 64	65—105	0. 06—0. 10	40—60	0. 04—0. 06

资料来源：《城市居住区规划设计规范》，http://www. gdqy. gov. cn/xxgk/zzjg/zfjg/qyszrzyj/zwgk/zcfg/zcjd/content/post_ 1128432. html。

三　按形成机理划分

按照形成机理划分，公共体育设施布局可以分为休闲体育活动的物质布局和行为布局。物质布局是指城市或城郊自然存在、人为改造、人为建设的休闲体育资源、设施等，并具有一定休闲功能，居民可以用来进行休闲体育活动的物质空间。物质布局是现实存在的、能为居民进行休闲体育活动提供必需的物质环境，其功能显而易见，如健身路径、健身步道、健身广场、体育场馆等。

行为布局是指居民因健身娱乐、社会交往、延年益寿、休养生息等动机而发生休闲体育行为和非休闲体育行为的场所。即行为布局是居民真正参与休闲体育活动的空间场所，是休闲体育行为真正发生的空间，它可以发生在休闲体育空间，也可以发生在其他公共空间，以满足自身的休闲体育健身需求。

四　按服务半径划分

按照服务半径划分，可将公共体育设施布局分为小区级、社区级、城区级和城市级四类。小区级公共体育设施一般是指建在小区内部或周围，主要为小区居民服务的简易型、普通型的公共体育设施空间。社区级公共体育设施是指以行政单位为指向，比小区级公共体育设施布局略大、供周围几个小区居民使用的公共体育设施，如社区公园绿地、文化广场、健身路径等。城区级公共体育设施布局是指服务半径比社区级空间大，可达度为 10—15 分钟，主要为周围几个社区居民提供体育公共服务空间，如区级体育公园、区级全民健身中心、区级体育中心等。城市级公共体育设施布局是指为整个城市居民提供体育设施种类齐全、层次较高、服务质量较好、知名度较高、空间吸引力较大、特色鲜明的公共体育设施，如奥体中心、体育中心、全民健身中心等。

五 按功能专一性划分

功能专一性是指为居民休闲健身提供的专门公共体育设施空间。主要分为集中布局、集中与分散相结合的布局和体育中心布局三类。集中布局是指服务于大型体育赛事、职业体育赛事、全民健身活动等的体育城、奥林匹克公园、体育产业园区等城市体育综合服务体。集中与分散相结合的布局是指在形成一个体育赛事场馆中心的基础上，考虑公共体育场馆设施布局的平衡性，关注不同区域城市居民的不同体育需求，给城市不同区域的体育均衡发展创造条件，其他体育场馆设施分散布局于城市其他区域。体育中心布局是指主要服务于竞技体育、全民健身等需求，由若干公共体育场馆及附属设施构成的规模较大、档次较高，用于竞技体育赛事、运动训练、全民健身的体育建筑集合体。依据内容与范围，中国城市体育公园可以划分为不同的类别，为不同需求的居民提供专门的公共体育设施（见表3-6）。

表3-6 　　　　　　　　**中国城市体育公园的类别**

类别	内容与范围	服务半径
全民健身基地	利用特色旅游资源，形成与体育旅游相结合的国家级全民健身活动基地，如环太湖体育圈、内蒙古马上运动基地、黑龙江冰雪基地等	全国
郊区体育公园	以户外运动为主体，包括滑雪、野营、旅行、郊游等体育活动，满足人们返璞归真的心理	
市级体育公园	为全市居民提供户外运动、体育健身与休闲服务、活动内容丰富、体育设施种类求全完善的绿地	2—3千米，面积不小于20公顷
区级体育公园	为市区内一定区域的居民提供体育健身与休闲服务，具有较丰富的活动内容和设施相对完善的绿地	1—1.5千米，面积不小于10公顷

续表

类别	内容与范围	服务半径
居住区 体育公园	服务于一个居住区的居民,配备适合当地居民兴趣的体育场馆设施的,为居住区配套建设的集中绿地(步行8—15分钟可到)	0.5—1.0千米,面积5—10公顷
小区健身苑	为一个居住小区的居民提供体育服务,体育设施以网球、乒乓球、篮球等常规体育项目为主配套建设的集中绿地	0.3—0.5千米,面积≥0.4公顷
街旁健身苑/ 儿童游戏场	位于城市道路用地之外,相对独立成片的绿地,包括街道广场体育绿地、小型沿街体育绿化用地等	绿化占地比例≥65%

资料来源:笔者根据相关文献整理。

第七节 本章小结

本章对公共体育设施布局的相关理论进行了梳理与解读。公共体育设施布局相关理论既包括与其他公共设施整体规划相一致的系统理论,也包括公共体育设施布局的空间理论、公共体育设施布局的经济理论、休闲理论、休闲体育空间的人居环境理论。系统理论要求公共体育设施布局应从系统论的整体视角予以考虑,利用系统方法为公共体育设施布局提供新思路与新方法。此外,公共体育设施布局的空间理论、公共设施布局的经济理论、休闲理论、休闲体育空间的人居环境理论,为优化公共体育设施布局以及满足居民休闲体育生活空间提供了指导。

第四章　公共体育设施布局与休闲体育空间的表征与效应

时间与空间作为人类存在的基本形式，是一个不可分割的统一体，人们在一定的时空中出生、成长与死亡，时空是承载人一生的基本载体。城市居民的休闲体育实践是存在于时间与空间连续统一体中的生活过程片断，时空对于居民休闲体育态度、休闲体育行为的养成至关重要。随着中国经济的快速发展、人民生活水平的日益提高，城市居民逐渐从繁重的劳动中解脱出来，既有了充足的闲暇时间，又有了休闲消费的物质基础，其生活需要不再停滞于物质与安全层次，情感交流、休闲健康等上层需要逐步增多。

第一节　休闲体育空间的主要表征分析

一　休闲体育空间的发展特征

这些来自上层的需要促进了中国休闲体育的快速发展，但是在这快速发展的道路上，却横亘着一个休闲体育亟待解决的现实问题——城市休闲体育空间的供给不足。也即，在中国早期的城市化进程中，由于过度重视经济指标的增长，政府在城市空间开发与利用上着重关注提升居民的物质生活质量，而忽视了居民精神文化生活的要求。随着城市人口的日益增多，为满足"基本保障"生活与工作需要的高楼大厦逐渐挤满了城市空间，留给城市居民休闲体育生活的空间较为有限，休闲体育空间不足成为城市休闲体育发展的一大掣肘。

中国政府能否有效扩大休闲体育空间成为其为居民提供公共体育服

务过程中所面临的巨大考验。一般而言，城市空间的开发与教育改革遵循两种方式，一种方式是对已有城市空间格局的改造，如城市中的"旧村改造""棚户区改造"工程，利用升级来扩展城市狭小的空间；另一种方式是城市外沿地理边界的扩展，如城市中新区的建设与兼并，利用外扩来提升城市空间。这两种方式实质上都是城市空间生产的过程，是城市发展规划与布局的具体实施。就中国大部分城市而言，其空间的开发与拓展一般遵循这两种方式并行的原则。城市的布局是一项复杂的系统工程，需要考虑众多的人口、经济和社会因素，其中公共体育设施布局是城市发展过程中理应考虑的重要方面之一。

休闲体育空间是居民开展休闲体育活动的物质基础与前提。如何合理地开发与拓展休闲体育空间，以更有效地满足城市居民日益增长的休闲体育需要，是有关政府部门在进行城市发展总体规划与布局时所应着重考虑的。同时，为了更有效地满足居民休闲体育活动的多元需要，有关政府部门在规划休闲体育空间布局时，需要听取并征询当地居民的意见与建议，因为他们才是这一空间的使用主体。

二　休闲体育空间表征的理论依据

1974 年，列斐伏尔的著作《空间的生产》出版。在此书中，他认为空间是带有意图和目的被生产出来的，主要是政治经济的产物，在根本上是人类行动和各种社会关系的产物，是一种由人类行动和社会关系构成的深度历史空间。作为西方的马克思主义者，列斐伏尔的贡献在于引导空间理论从固定不变的物质形式转向了人类的社会关系、行动和历史的语境，从社会学的角度将空间问题理论化，即这种转向实现了物理学、几何学上的空间观向社会关系和生产性空间观的转变。他反对教条马克思主义无视人及其现实生活的形而上学倾向，关注实践中的日常生活空间，并以马克思实践生产理论为基础，将空间理解为人类生产实践的产物，是一种社会关系，是一种历史建构。[①] 基于此，列斐伏尔提出了空间实践、空间表征、表征空间三重合一的空间辩证法，把考察空间问题的

---

① 张一兵：《社会空间的关系性与历史性——列斐伏尔〈空间的生产〉解读》，《山东社会科学》2019 年第 10 期。

众多维度纳入统一的理论模式，并认为任何由社会生产出来的历史空间都是由"空间实践""空间表征""表征空间"三者辩证混合构成的整体，"空间实践"的结果是物理空间，是社会生产、再生产、建构所凝聚起来的一种抽象过程；"空间表征"是概念化的空间，即对空间或空间表达的设想；"表征空间"是具体化的和个体文化体验的空间，以及构成它的符号、意象、形式和象征。它们分别对应于"呈现"给我们"感知到的""设想的""生存的"三个领域，① 从而实现了社会性、历史性和空间性的统一。②

可见，与地理学狭义空间的概念不同，对休闲体育空间的理解需要站在社会学和心理学的角度。地理学的空间是相对于时间而言的一种物质存在形式，表现为长度、宽度和高度，也表现为一定地理范围内的地形与地貌。但从社会学和心理学的角度而言，人是空间坐标的原点，人在空间所处的位置是以人的身体位置为起点建立起来的，构成空间的身体性或在场性。在场性激活了空间的社会意蕴，使空间意义的生成成为可能。所以，真正的休闲体育空间除了具备地理学意义上的表征，还存在社会学与心理学意义上的表征，也即休闲体育空间由于休闲体育活动人群这一主体的存在与使用才具有现实意义。否则，徒有场地外形的存在而缺少休闲体育活动人群的空间是不能被称为休闲体育空间的，只能是一些机械物的存在。因此，休闲体育空间表征会在两个方面的图像中得以体现，一是外部图像，通过人的感觉器官感知空间而产生，如地形、气味、温度等物理表征；二是内部图像，是人通过思维对空间物理表征的建构与转换，进而形成一定的情感判断或态度。

所以，休闲体育空间表征可以分为两个方面：一是外显的空间物理表征，表现为在一定的物理空间范围内，居民休闲体育活动场地的数量、面积和位置；二是内含于居民心中的空间心理表征，表现为居民对休闲体育活动场地的满意程度。作为一种公共产品，城市居民休闲体育场地的提供者以政府为主，政府是供给侧。作为体育休闲场地的使用者，城市居民对休闲活动场地有着多元的需要，他们是需求侧。政府建设体育

---

① 阎嘉：《文学理论精粹读本》，中国人民大学出版社 2006 年版，第 135 页。
② 张笑夷：《列菲伏尔的"空间"概念》，《山东社会科学》2018 年第 9 期。

休闲活动场地的目的，就是为了满足居民休闲体育生活的需求，休闲体育场地供需达成平衡，才能吸引更多居民加入休闲体育健身的队伍，才能让居民感到满意。

第二节　公共体育设施布局物理表征分析（供给）——以济南市为例

物理空间特征的分析通过具体的案例研究往往更有针对性，为此本研究以济南市为例进行了公共体育设施布局物理表征的分析。济南市是山东省的省会，也是山东省的政治、文化与教育中心。从地理环境角度看，济南市位于山东省中部，面积为 10244 平方千米，南部为泰山山地，北部为黄河平原，地势南高北低，地形复杂多样，境内河流较多，主要有黄河、小清河两大水系。独特的地理环境孕育了著名的史前龙山文化、齐鲁文化，悠久的历史积淀使济南市发展成为环渤海地区、黄河中下游地区的中心城市。

如今，济南市的版图在历下、市中、槐荫、天桥、历城这五个中心城区的基础上不断向四周扩展，长清、章丘、莱芜等城区相继设立。据2019 年的统计，济南市常住人口有 890.87 万人，户籍人口为 796.74 万人，比 2018 年年末分别增长了 0.78% 和 1.46%，城市人口进一步密集。本研究将调查对象确定在济南市中心城区内，包括历下区、市中区、槐荫区、天桥区、历城区 5 个行政区的公共体育设施，并将这 5 个行政区内的公共体育设施进行了市级、区级和居住区级的初步分类，在此基础上进行了实地调查与统计。

在实地调查的过程中，本研究有针对性地选择部分公共体育空间，对参与其中进行体育活动的居民进行了访谈，通过多种渠道获取了这些体育空间的建造年代、历史变革以及周边环境等重要信息，并结合各级政府颁布的关于公共体育设施布局的规划标准，对以上 5 个行政区的公共体育设施布局进行了初步研判。

一　公共体育设施布局的规划标准

在中国出台的关于城市公共体育设施用地的规划政策中，《城市公共体育运动设施用地定额指标暂行规定》① 是较早的一个政策文件。在该规定中，明确用地定额指标中所指公共体育设施用地即向公众开放、供广大群众进行体育锻炼或观赏运动竞技以及业余运动员训练的体育设施及共用地，并且指明对于 50 万人口以上的城市而言，公共体育设施用地的分级在居住区级、小区级之上，还加上了市级和区级的区分，市级、区级、居住区级、小区级的体育设施用地分类标准初步形成。虽然此规定确定了市级和区级体育设施的划分标准，并明确了具体的用地指标，但需要值得注意的是其指标体系现已不切合当代城市发展的要求。

2002 年，《城市居住区规划设计规范》出版，在居住区级中增加了组团级体育设施，明确规定了居住区的公共体育设施控制指标，但控制指标取值区间过大，且文化、体育两方面指标合一，无法识别居住区级文化、体育各自的控制指标。虽然该文件经过 2016 年、2018 年两次修订，但基本体育设施等级分类没有发生变化。2008 年，《城市公共设施规划规范》（GB50442—2008）出台，明确了体育用地是指市级和区级体育场馆及训练场地等设施用地②，并对这两级的公共体育设施设置了相关标准，一类大城市的市级体育设施应为 15—20 公顷，区级体育设施应为 9—11 公顷；二类大城市的市级体育设施应为 20—30 公顷，区级体育设施应为 10—15 公顷；三类大城市的市级体育设施应为 30—80 公顷，区级体育设施应为 10—20 公顷。2015 年，《城市公共设施规划规范》修订，但修订版并没有改变 2008 年版本中关于城市市级与区级公共体育设施用地的标准，同时这两个版本也都没有涉及具体的分类分级问题。而在 2005 年发布的《城市社区体育设施建设用地指标》③ 中，城市公共体育设施被划分为城市级和社区公共级两大类，城市级包含市级、区级以及全民健身广场。此外，《城市社区公共体育设施建用地指标》明确指出可以根据实际需求在室内或者室外设置城市的社区公共体育设施，并对具体面积控

---

① 城乡建设环境保护部、国家体委：《城市公共体育运动设施用地定额指标暂行规定》，http：//www.chinalawedu.com/falvfagui/fg22598/27862.shtml。

② 中华人民共和国建设部：《城市公共设施规划规范》，http：//www.jianbiaoku.com/webarbs/book/77/54637.shtml。

③ 建设部、国土资源部：《城市社区体育设施建设用地指标》，http：//www.doc88.com/p-9733580392618.html。

制指标进行了规定，规定了室外人均用地面积为 0.3—0.65 平方米、室内为 0.1—0.26 平方米；社区人口超过 30000 人，应该建设室外面积不小于 10300 平方米、室内面积不小于 4900 平方米的社区级公共体育中心。但事实证明，这些指标有点不切实际。2017 年，国土资源部制定了《城市公共体育场馆用地控制指标》，对城市公共体育场馆建设的土地使用标准和节约集约用地要求予以明确。相关规范具体分级情况如表 4-1 所示。

综上所述，以上的城市公共体育设施相关规划从建设用地、设计等各个方面制定了相应的标准，分别针对不同行政区级别，并根据实际发展情况予以修订，但各部门出台的规划标准不统一，甚至有些规划标准还存在一定的差别与冲突。另外，以上规划标准存在一个共同的缺陷，即没有在人均面积基础上划定公共体育设施的服务半径。

表 4-1　　　　　　　　　相关规范的公共体育设施分级情况

规定规范	分级规定
《城市公共体育运动设施用地定额指标暂行规定》	市级、区级、居住区级、小区级
《城市公共设施规划规范》	市级、区级
《城市居住区规划设计规范》	居住区、校区、组团
《城市社区体育设施建设用地指标》	城市级（市级、区级和全民健身中心）、社区级

资料来源：郑志明：《特大城市公共体育设施布局规划研究——以成都市为例》，硕士学位论文，西南交通大学，2009 年。

二　济南市中心城区公共体育设施布局现状

2015 年，山东省体育局、山东省住房和城乡建设厅、山东省国土资源厅出台了《关于在全省开展公共体育设施布局规划的意见》，将省内的公共体育设施按用途分为群众体育设施、赛事体育设施和竞技体育训练设施三类，城区按照市级、区级、社区（居住区级）、居住小区四级标准进行布局，中心城区范围外按照乡镇、农村新型社区、中心村、基层村四级进行引导。

　　该意见同时设置了不同级别区域公共体育设施的标准，设区城市、县（市、区）级按标准规划并建设"五个一工程"，即综合体育场、体育馆、游泳馆、全民健身中心、体育公园；市、县体育场馆应满足承办县级运动会和县级以上单项赛事比赛的需要，并具有向市民提供全民健身服务的功能。体育公园或登山步道（骑道）等可结合郊区基本生态网络以及郊野公园建设，其他有条件的公园应建设体育设施及健身步道。每个镇（街）规划建设一个中型或小型的市民健身活动中心。镇（街）、城市居住区公共体育设施以塑胶田径场（套建小型足球场）或社区多功能运动场为基础，统筹考虑灯光场地和全民健身路径设施，建设"15 分钟健身圈"。

　　济南市作为山东省的省会，率先在中心城区 5 个行政区进行了公共体育设施布局与规划。按省市级、区级和居住区级的分类标准来统计，济南市中心城区 5 个行政区的公共体育设施共计 106 处，具体数量见表 4 - 2。在后期的规划中，还有 9 处区级、29 处居住区级的公共体育设施将要建设。

表 4 - 2　　　　　济南市中心城区 5 个行政区的公共体育设施数量

公共体育设施级别	数量（处）
省市级	8
区级	30
居住区级	68

　　济南市中心行政区的公共体育设施布局呈现"一轴、两心、三片"的基本结构，已初步形成了有集中有分散、错落有致的公共体育设施规划布局。"一轴"指的是以东西走向的城市主要交通为轴，使得济南市的公共体育设施布局形态呈现"带状组团"式，东西走向的城市主要交通不仅作为空间发展的轴，还作为公共体育设施发展的轴，与济南市的总体发展规划相契合。"两心"指的是两处综合性的公共体育中心，也就是已经建成并发挥着重要作用的山东省体育中心以及济南市奥体中心，分别位于济南市人口密集的市中区与历下区。"三片"指的是按照总体规划

的空间布局构建东部、中部和西部公共体育设施的集中布局片区①（见图
4-1）。

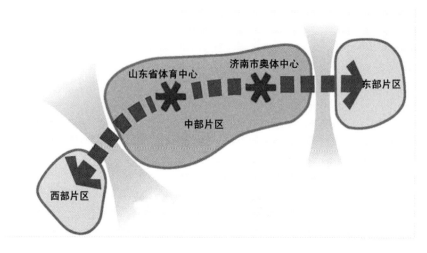

图 4-1 济南市中心城区公共体育设施规划

资料来源：《济南市体育专项规划》（2008—2020 年）。

（一）济南市中心城区省市级公共体育设施

济南市中心城区的地理边界为西面到南大沙河以东（以归德镇为
界），南面到南部双尖山以及兴隆山一带的山体，包括济莱高速公路，北
面到黄河，包括济青高速公路，总面积达 1022 平方千米。目前济南市省
市级公共体育设施共有 8 处，主要分布于中心城区的 5 个行政区内。

1 处省级体育中心是山东省体育中心，兴建于 20 世纪 70 年代，1972
年 12 月完工，是现代化的综合性体育活动中心，占地面积为 34 公顷，是
中国 12 大体育活动中心之一。该中心是 1988 年第一届全国城市运动会主
会场，承办了 2004 年亚洲杯足球赛，也是山东鲁能的原主场。山东省体
育中心总体平面布局以比赛馆为中心，练习馆和游泳馆分别列于东西两
侧，形成了"品"字形的构造，3 个场馆周边有开阔的建筑广场、绿化

---

① 寇冠：《济南中心城区公共体育设施空间布局调查及优化研究》，硕士学位论文，山东
大学，2015 年。

场地、停车场及观众疏散用地，并在南部另设网球场，可保证短时间大量人流、车流的集结和疏散。该中心建筑面积达 10000 多平方米，服务半径可延伸至 8000 米，主要为市中和历下两个行政区的居民提供相应的公共体育服务。

市级体育中心 1 处，即济南市奥体中心。济南市奥体中心位于济南市东部燕山新区内的龙洞地区，2006 年 5 月 28 日奠基，2009 年全面建成，是举办济南全运会的主场地，也是济南市最大的体育场馆。建筑面积达 350000 平方米，包括容纳 60000 人的体育场，容纳 10000 人的体育馆，各容纳 4000 人的游泳馆、网球馆，以及 55000 平方米的中心区平台及其他设施。济南市奥体中心横跨历下和高新两个行政区，服务半径达到 12000 米。

另外，济南市中心城区市级单项公共体育设施和体育公园共有 6 处，包括济南市第二工人文化宫全民健身中心、皇亭体育馆、市妇幼活动中心全民健身中心、泉城公园全民健身中心、济南市金芙蓉健身俱乐部全民健身中心以及百花公园全民健身中心。济南市第二工人文化宫建于 20 世纪 50 年代，是济南市北部唯一的群众性文体娱乐设施，也曾经是济南市职工体育活动的重要场所。济南市第二工人文化宫全民健身中心四层高，简单装修，设有 1 个单层地下室，总建筑面积为 30000 平方米，包括体育馆与游泳馆。

皇亭体育馆位于济南市泉城路 15 号，建成于 1931 年，时称"济南市立体育场"；新中国成立后改称"皇亭运动场"；1960 年，建设了室外灯光球场；1965 年，建成游泳馆，改名为"泉城路体育场"；1985 年，建成体育馆，更名为"皇亭体育馆"；2008 年 2 月，立项对体育馆维修改造，改造后可容纳 3800 人。

市妇幼活动中心全民健身中心坐落在济南市英雄山下，占地 50 亩，建筑面积为 1.6 万平方米，建有体育馆、室外足球场等场馆，是济南市具有一定规模的校外教育场所之一，是提升妇女儿童综合素质的基地。

泉城公园全民健身中心工程以"泉"来规划整体布局，旨在打造全国首个体育运动休闲综合区。地上自东北至西南依次建设了全民健身中心、体育广场、室内运动会所三大建筑群。建筑东侧和南侧场地设置室外运动场地和绿化景观，与泉城公园形成很好的衔接与过渡。三大建筑群总建筑面积为 20.652 万平方米。泉城公园全民健身中心为多层建筑，地上建筑面积为 2.02 万平方米，共 4 层，建筑高度为 24 米，设有健康体检中心、康复理疗、训练馆、咖啡厅、有氧健身馆、泰拳散手馆、瑜伽馆、乒乓球馆、网球馆、羽毛球馆、无氧健身馆及相关管理用房。地下建筑面积为 0.77 万平方米，建有一座 0.38 万平方米的游泳馆和 50 个停车位。

济南市金芙蓉健身俱乐部全民健身中心属于企业性质的全民健身中心，故在此不多做介绍。百花公园全民健身中心位于济南市历下区百花公园内，占地面积为 7093 平方米，总建筑面积为 4409 平方米，其中，主体建筑三层，局部为四层。主体建筑内设有羽毛球、乒乓球、台球、沙弧球、舞蹈、瑜伽等健身项目，室外建有游泳池和篮球场。

从公共体育设施规模与其服务半径的覆盖面来看，按市级公共体育中心服务半径 12000 米、市级公共单项体育服务半径 8000 米的标准算，济南市这些省市级公共体育设施的服务半径基本上能够覆盖中心城区。但从覆盖的重复度来看，济南市省市级公共体育设施建设过于集中，虽然覆盖了人口密集度的中心城区，但是无法兼顾非中心城区。

（二）济南市中心城区区级公共体育设施

济南市中心城区的 30 处区级公共体育设施以市中心为集中点，向四周扩延。济南市中心城区区级公共体育设施基本情况如表 4-3 所示。

表 4-3　　　　济南市中心城区区级公共体育设施基本情况

	配置人口规模（万人）	体育场（个）	体育馆（个）	游泳馆、池（个）	用地面积（公顷）	人均用地面积（平方米）
市中区	85.02	1	1	2	29.76	0.35
历下区	78.27	1	2	2	25.05	0.32
槐荫区	61.42	2	2	3	22.73	0.37
天桥区	61.76	1	1	1	20.38	0.33
历城区	145.31	3	3	5	47.95	0.33

在中心城区 5 个行政区中，槐荫区和天桥区均为老城区，其中槐荫区有 2 个体育馆、2 个体育场和 3 个游泳馆，人均用地面积为 0.37 平方

米；天桥区有 3 处区级公共体育设施，人均用地面积为 0.33 平方米；历
下区有 5 处区级公共体育设施，分别为 1 个体育场、2 个体育馆、2 个游
泳馆，占地 10 公顷，人均用地面积为 0.32 平方米；市中区拥有区级公共
体育设施 4 处，人均用地面积为 0.35 平方米；人口最多的历城区拥有 11
处区级公共体育设施，人均用地面积为 0.33 平方米。从区级公共体育
设施数量和用地面积上看，历城区数量最多，用地面积最大，但从人均
用地面积看，与其他 4 个行政区并无明显区别。总体而言，按区级公共
体育设施服务半径 4000 米的标准计算，济南市中心城区 5 个行政区的
区级公共体育设施的数量与人均用地面积刚刚达到国家规划的最低室外
标准。

（三）济南市中心城区社区级体育设施

目前，在济南市中心城区 5 个行政区内，有 68 处社区级的公共体育
设施。人均占有社区级公共体育设施的面积只有 1.8 平方米，服务半径也
只能达到 1000 米。由此可见，济南市中心城区 5 个行政区内社区级的公
共体育设施远不能达到国家的规划标准。

综上所述，从济南市中心城区公共体育设施建设与布局情况来看，
无论是在数量上，还是在人均用地面积上，均不能够满足济南市居民休
闲体育生活的需求。

三　济南市中心城区公共体育设施服务现状

从场地设施服务供给的角度，济南市政府体育管理部门颁布了相应
的政策和文件，以鼓励居民积极参与日常的休闲体育运动。2019 年，
根据《体育总局关于做好 2019 年大型体育场馆免费或低收费开放工作
有关事宜的通知》（体群字〔2019〕11 号）的要求，济南市体育局制
定了《济南市体育场地 2019 年免费或低收费开放工作方案》，并向社
会公示。本研究分别以山东省体育中心、济南市奥体中心、部分社区公
共体育设施的服务现状为例来分析济南市中心城区公共体育设施服务
现状。

（一）山东省体育中心公共体育设施服务现状

山东省体育中心对市民提供的体育设施服务大致分为四类，分别为

篮球主题公园、游泳馆、体育馆、健身长廊，其对外开放情况如表4-4
所示。

表4-4　　　　　　　　山东省体育中心对外开放情况

山东省体育中心体育场馆	免费或低收费开放项目	免费或低收费开放时间
篮球主题公园	篮球	全天向社会公益开放，开放时间为春夏季6：30—21：00、秋冬季7：30—19：30
游泳馆	游泳	游泳池全天开放，节假日正常营业。每天开放时段为早场：6：00—8：00，日场、晚场：10：00—21：00
体育馆	健身项目、羽毛球、乒乓球、中老年健身舞会	健身项目对外开放时间：9：00—21：00；羽毛球对外开放时间：8：30—21：00；中老年健身舞会开放时间：每天6：00—10：00；二楼北大厅乒乓球项目开放时间：9：00—18：00，其中周三、周六开放时间为15：00—18：00
健身长廊	健身项目	开放时间：6：30—20：30

从表4-4中可以看出，山东省体育中心对外开放的体育项目不多，
主要以篮球、羽毛球、乒乓球、游泳和健身项目为主，且室内健身项目、
羽毛球、乒乓球多以培训班的形式对外提供，其中完全免费提供场地设
施的项目只有篮球、室外健身项目。以收费项目中的游泳为例，山东省
体育中心游泳项目的收费标准为：零票80元/每次；次卡中，20次卡为
1000元，30次卡为1500元，50次卡为2500元；年卡中，早场年卡为
6000元，全天年卡为8000元，老年卡执行半价优惠，全年4000元，且
仅限10：00—12：00、14：00—16：00使用。山东省体育中心游泳项目
的收费价格并不低，这样的价格很可能会把热爱游泳项目的济南市低收
入人群拒之门外。

（二）济南市奥体中心公共体育设施服务现状

济南市奥体中心对市民提供的体育设施服务大致分为三类，分别为
体育场、体育馆和游泳馆，其对外开放情况如表4-5所示。

表 4 – 5　　　　　　　　**济南市奥体中心对外开放情况**

济南市奥体中心体育场馆	免费或低收费开放项目	免费或低收费开放时间
体育场	1 个田径场、1 个田径热身场、1 个足球场副场免费对外开放	田径场地一年 360 天免费对外开放，周开放时间为 84 小时，每日开放时间为 12 小时
体育馆	羽毛球、乒乓球	周一至周五：12：00—21：00，周末及法定节假日：9：00—21：00
游泳馆	游泳	6 月 1 日—9 月 30 日开放时间为 6：30—21：00 10 月 1 日至次年 5 月 31 日开放时间为早场 6：30—9：00、晚场 11：30—20：00

从表 4 – 5 可以看出，济南市最大的体育中心——奥体中心，虽然拥有广阔的场地面积和相应的配套体育设施，但作为国家资产，免费为居民提供的健身场地仅有 1 个田径场、1 个田径热身场和 1 个足球场副场。在不同类型的收费运动项目中，各运动项目管理部门也均制定了相应的"低收费"服务价格，但是不是比市场价格低存在争议。

表 4 – 6　　　　　　　　**济南市奥体中心游泳馆收费标准**

项目	价格	备注
储值卡及零售票	40 元/次	健身时长 120 分钟；学生持证 30 元/次，3000 元储值卡享受刷卡入场 9 折优惠，5000 元储值卡享受刷卡入场 8 折优惠
年卡	2800 元/年	1. 仅限本人使用，有效期一年 2. 每天仅限使用一次 3. 老会员续卡享受 9.5 折优惠，即 2660 元/年（原卡结束 35 天内享受此优惠）
季卡	780 元	1. 仅限本人使用，有效期 90 天 2. 每天仅限使用一次
晨练年卡	2000 元	1. 仅限本人使用，有效期一年 2. 每天仅限早场（06：30—09：00）使用一次 3. 老会员续卡享受 9 折优惠，即 1800 元/年（原卡结束 35 天内享受此优惠）

项目	价格	备注
20 次卡	650 元	1. 不限本人使用，有效期一年 2. 每次限时 2 小时

也以游泳项目为例，管理方给出的零售价格是 40 元/次（见表 4-6），这样的价格将会把济南市一般工薪阶层的居民拒之门外，难以"亲民"。除此以外，游泳项目的收费只对学生群体实行优惠，没有惠及其他低收入人群。其他看似"低收费"的优惠措施也仅是市场营销上策略的体现，并没有给予居民"低收费"之实。

（三）济南市社区公共体育设施服务现状

卢玉雪曾对济南市市中区大观园街道、杆石桥街道、四里村街道辖区的社区公共体育设施供给情况进行深入的调查，从社区公共体育设施供给的数量、质量、空间组合情况、开放程度、社会体育指导员供给等方面对济南市社区公共体育设施服务现状进行了总结。[①]

从社区公共体育设施供给的数量来看，济南市市中区政府比较重视社区室外体育场地的供给，室外场地数量是室内场地数量的 7 倍之多。其中，室外场地数量以健身路径、篮球场、小运动场为主，健身路径作为室外公共体育设施的重要组成部分，数量达到 43 处，平均每个社区有 1.65 处健身路径。室内场地数量较少，以乒乓球房、小型体育馆为主，篮球房、排球房、健身房、小型游泳馆为辅，且大多数仅提供一种活动项目，功能较为单一。

社区公共体育设施供给的质量可以从设施损坏数量、设施维修状况两个方面反映出来。首先，从设施损坏数量来看，63.14% 的社区公共体育设施是完好的，30.41% 是损坏的，不能使用的占比为 6.45%，也即不能正常使用的社区公共体育设施超过 1/3。公共体育设施存在安全隐患，使许多居民对其敬而远之。完好程度较低的公共体育设施不仅造成社区其他公共体育设施的利用率不高，而且降低了居民参与休闲体育活动的

[①] 卢玉雪：《济南市社区公共体育设施供需现状与对策研究》，硕士学位论文，山东大学，2019 年，第 48 页。

积极性。从设施维修状况来看，经调查，济南市市中区三个街道社区内的公共体育设施维修及时的占比为 14.75%；维修不及时的占比为 33.18%；无人维修的占比为 27.65%；不知道的占比为 24.42%。由此可见，社区内公共体育设施整体维修不及时、不到位的现象比较严重。从济南市市中区体育局提供的信息得出了市中区社区体育健身工程器材的现状，如表 4-7 所示。

表 4-7　　　　济南市市中区社区体育健身工程器材的现状　　　单位：个

街道名称	社区名称	器材总数	器材现状			
			正常使用	超出安全使用期	超出免费维修期	无柱铭牌
大观园街道	纬一路社区	2	2	0	0	0
	睦和苑社区	21	16	0	0	5
	纬五路社区	5	1	0	0	4
	万紫巷社区	19	16	19	19	3
杆石桥街道	聚善街社区	12	5	0	0	7
	自由大街社区	10	8	0	0	2
	春元里社区	6	4	0	0	5
	德胜街社区	6	0	6	6	5
	启明里社区	9	5	0	0	4
	乐山小区社区	22	16	5	5	6
四里村街道	英雄山社区	14	14	0	0	0
	玉函路社区	27	26	0	0	1
	小梁庄社区	7	0	0	0	7
	建设路社区	24	21	0	0	3
	信义庄社区	42	42	37	37	0

如表 4-7 所示，三个街道辖区体育健身工程的器材均存在超出安全使用期、超出免费维修期、无柱铭牌等问题。这说明个别社区体育管理者除对健身工程器材维修保养不及时以外，对社区内公共体育器材的整体信息掌握也不准确，不能做到及时更新。

从社区公共体育设施空间组合情况来看，目前室内场地的公共体育设施是以简单的篮球、乒乓球为主的单一化供给，空间布局不紧凑，尚未形成多元设施之间的组合供给。

如图 4-2 所示，部分社区的室外健身路径主要是提供单杠、双杠、腿部按摩器、压腿架、三位扭腰器等设施，单独布局，未与室外篮球场、乒乓球场等其他场地结合，不具有集中效应。大多数健身路径因地理位置偏僻而被周围居民忽视或用作其他用途，不能充分发挥服务全民的本体作用。另外，公共体育设施空间组合过程中的设施使用群体区别度不大，不同人流、运动项目差异较大的场地布局在一起，"闹"与"静"交叉明显。可见，社区内公共体育设施的合理空间组合亟待加强。

图 4-2　社区公共体育设施空间组合情况
资料来源：课题组成员拍摄整理。

从社区内公共体育设施的开放程度来看，社区内公共体育场地开放情况不容乐观。如表 4-8 所示，其他系统内的公共体育场地开放情况是最好的，不开放的公共体育场地只有 1 处；体育系统次之，9 处公共体育场地开放 7 处，只有 2 处不开放；教育系统的开放情况最差，不开放的公共体育场地达 28 处，占比约为 74%。

表4-8　　　　　　济南市市中区社区内公共体育场地开放情况

体育设施所属系统	开放情况		
	全天开放	分时段开放	不开放
体育系统	3	4	2
教育系统	0	10	28
其他系统	45	0	1
总计	48	14	31

资料来源：济南市市中区体育局。

《教育部、国家体育总局关于推进学校体育场馆向社会开放的实施意见》中，明确提出公办及民办学校应该在保证校园安全的前提下，除教学时间与体育活动时间以外，向社会开放。[①] 可见，济南市市中区社区内教育系统的公共体育场地开放程度与政策要求严重不符。

从社区社会体育指导员的供给情况来看，经调查，济南市市中区三个街道社区居民知道有社会体育指导员的比例为18.2%；认为没有的占比为37.6%；根本不知道的占比为44.2%。《社会体育指导员国家职业标准》将社会体育指导员职业定义为：在群众性体育活动中从事运动技能传授、健身指导和组织管理工作的人员。[②] 社会体育指导员在某种程度上影响着居民的体育锻炼动机，可以看出，由于社会体育指导员人员匮乏，社区在居民健身指导方面服务不到位。另外，通过与相关管理人员访谈，得知社区内的社会体育指导员大多没有接受过系统的理论培训与技能指导。

综上，无论是公共体育设施的规划与布局方面，还是公共体育设施服务供给方面，济南市政府提供的公共体育设施及其服务均未达到国家相关标准。在这种供给水平下，济南市居民休闲体育生活需求能否得到满足？这得从济南市居民需求的角度予以解答。

---

① 教育部、国家体育总局：《教育部、国家体育总局关于推进学校体育场馆向社会开放的实施意见》，http：//www.gov.cn/xinwen/2017-03-08/content_ 5175010. htm。

② 劳动与社会保障部：《社会体育指导员国家职业标准》，http：//www. sport. org. cn/sfa/2003/1008/80592. html。

第三节 公共体育设施布局心理
表征分析（需求）

济南市政府为居民的休闲体育生活提供相应的公共体育设施与服务，归根结底是为了满足居民日常休闲体育生活的需求。济南市政府提供的体育设施与相关服务是否满足居民日常休闲体育生活的需求，这需要从公共体育服务的需求侧——居民的满意度上寻求答案。本研究为了获取济南市居民对政府提供公共体育设施及相关服务的满意度，经过专家访谈、效度检验、信度检验等问卷设计程序，设计了《公共体育设施空间布局状况满意度调查问卷》，发放给济南市中心城区五个行政区内参与健身活动的居民，进行问卷调查。共发放问卷 2500 份，平均每个行政区发放 500 份，回收问卷总计 2336 份，其中有效问卷为 2206 份，采用 SPSS 24.0 软件进行处理。

一 济南市公共体育设施空间布局状况满意度调查的基本情况

（一）居民的性别比例

在本次问卷调查中，男女人数分别为 1074 人和 1132 人，男女比例较为适中。

（二）居民的年龄分布

从表 4-9 中可以看出，在 2206 位被调查的居民中，位于"36—45岁"年龄段的居民较多，占调查人数的 26.4%，"56—65 岁"的人数较少，占调查人数的 12.3%；其他年龄段均保持在 13.2%—19.9% 的比例范围内。

表 4-9　　　　　　　　　　居民年龄分布情况

年龄分布	16—25 岁	26—35 岁	36—45 岁	46—55 岁	56—65 岁	66 岁及以上
人数（人）	291	333	582	438	271	291
比例（%）	13.2	15.1	26.4	19.9	12.3	13.2

注：采用四舍五入计算，下同。

（三）居民的职业分布情况

从图 4-3 中可以看出，在 2206 位被调查的对象中，"专业技术人员"所占比例是 22.6%，是占比最高的群体，"商业服务人员""离退休人员""党政机关、事业单位管理人员"分别占 13.2%，"私营企业主"和"农业劳动者"分别占 12.3%，"军人"占比为 7.5%，"在校学生"占比为 5.6%。各职业所占人数均已达到统计要求。

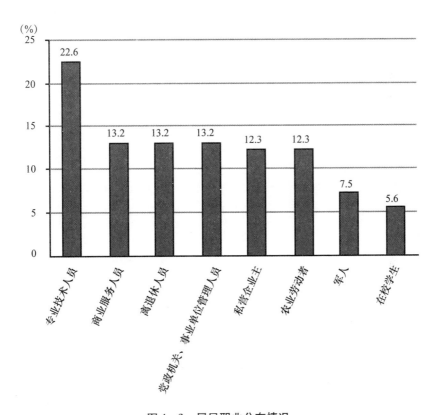

图 4-3　居民职业分布情况

（四）居民的月收入分布情况

如图 4-4 显示，月收入在"1000 元以下"的居民占比为 6.2%，"1001—2000 元"的居民占比为 7.0%，"2001—3000 元"的居民占比为 7.5%，"3001—4000 元"的居民占比为 4.8%，"4001—5000 元"的居民占比为 44.4%，"5001—8000 元"的居民占比为 30.1%，比较符合城市中各职业人群收入比例的现实分布情况。

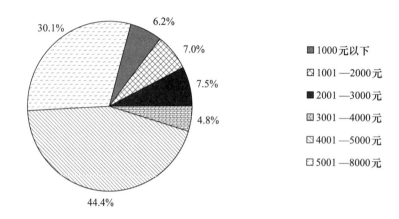

图4-4　居民月收入分布情况

（五）居民居住区域状况

本研究选择济南市中心城区的市中区、历下区、槐荫区、天桥区和历城区五个行政区参与健身活动的居民为对象进行问卷调查，各行政区回收有效问卷数量比例如图4-5所示。

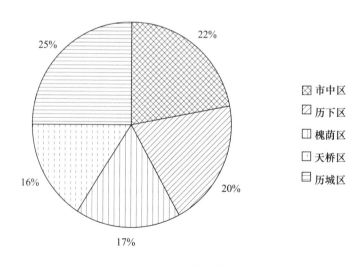

图4-5　居民居住区域状况

从图4-5可以看出，市中区居民占调查人数的22%，历下区为20%，槐荫区为17%，天桥区为16%，历城区为25%。问卷的区域人数比例与这五个区的地理版图与人口密集度基本一致。

（六）居民居住时间状况

本次调查对象中，居住时间在"1—2年"的居民人数占比为20.7%，"3—5年"的为7.5%，"6—10年"的为13.2%，"11—20年"的为45.4%，"20年以上"的为13.2%（见图4-6）。在样本中，居住时间在10年以上的居民占比较大，这部分居民能够较为客观地认识与反映济南市公共体育设施建设与布局的变化。

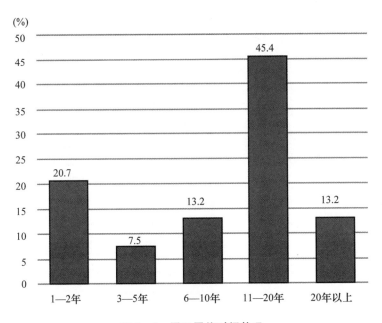

图4-6 居民居住时间状况

（七）居民住房类型

从图4-7中可以看出，在被调查的对象中，64.2%是济南市本地住户，22.6%是租户，13.2%为其他。因此，调查基本能够如实反映济南市常住人口与流动人口的态度。

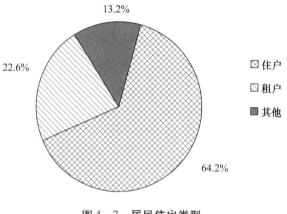

图 4 - 7　居民住房类型

（八）居民参加休闲体育活动的频率

由表 4 - 10 可知，居民选择参加"频繁活动"的为 271 人，占比为 12.3%；选择"较多活动"的为 668 人，占比为 31.2%；选择"一般"的为 748 人，占比为 33.9%；选择"很少活动"和"从不活动"的为 265 人和 234 人，占比分别为 12.0%、10.6%。样本中活动频率较高的人数比较多，能够较好地代表"经常参与休闲体育活动"这一群体。

表 4 - 10　　　　　　　居民参加休闲体育活动的频率

活动频率	频繁活动	较多活动	一般	很少活动	从不活动
选择人数（人）	271	688	748	265	234
占比（%）	12.3	31.2	33.9	12.0	10.6

二　济南市公共体育设施空间布局状况满意度分析

本问卷是对济南市公共体育设施空间布局状况满意度的调查与测量。所用的调查量表是在综合参考国内外已有量表的基础上，经过预调查后所制定（体现为问卷的第二部分）。本量表共有 18 个题目，反映空间设施布局概况满意度的题目有 5 个，反映空间设施使用满意度的题目有 5 个，反映空间设施交通满意度的题目有 3 个，反映空间设施规划满意度的题目有 5 个。所有题目的计分均采用 Likert 5 点量表法，即 5（非常满意）、4（满意）、3（一般）、2（不满意）、1（非常不满意）。

（一）描述性统计特征

从表 4 – 11 可以看出，济南市公共体育设施空间布局状况满意度量表中所有题目的满意度、对济南市空间布局内部不同层面的满意度以及总体满意度的得分都不高，均在 3 分以下，居于"不满意"与"一般"之间或"不满意"与"非常不满意"之间。济南市居民对公共体育设施空间布局满意度的平均得分为 2.25 分，其中空间设施布局概况满意度、空间设施使用满意度、空间设施交通满意度、空间设施规划满意度的平均得分分别为 2.59 分、2.10 分、2.49 分和 1.91 分，空间设施使用满意度的得分较低，空间设施规划满意度得分最低，基本上处于"不满意"的层次上。

表 4 – 11　　　　　　济南市公共体育设施空间布局状况
满意度量表描述统计值（n = 2206）

层面	题号	题目	均值	标准差
空间设施布局概况满意度	B1	总体布局状况	2.80	0.650
	B2	社区里公共体育场所的数量	2.67	0.578
	B3	社区里公共体育设施的功能	2.26	0.701
	B4	社区里公共体育设施的安全性	3.02	0.728
	B5	社区里公共体育设施的种类	2.20	0.936
		空间设施布局概况层面	2.59	0.399
空间设施使用满意度	B6	社区里公共体育设施的及时维护	2.46	0.742
	B7	社区里公共体育设施的使用指导培训	1.67	0.610
	B8	社区里公共体育设施使用时的秩序维护	2.13	0.753
	B9	社区里公共体育设施使用时的纠纷处理	2.13	0.676
	B10	本市公共体育设施的收费价格	2.10	0.582
		空间设施使用层面	2.10	0.424
空间设施交通满意度	B11	市内公共体育设施的距离位置	2.24	0.738
	B12	市内公共体育设施的交通便利情况	2.78	0.740
	B13	市内公共体育设施的周边环境	2.46	0.954
		空间设施交通层面	2.49	0.550

层面	题号	题目	均值	标准差
空间设施规划满意度	B14	市内公共体育设施的配套设施	1.83	0.746
	B15	公共体育设施布局的科学性和实施性	2.22	0.753
	B16	本市公共体育设施选址的透明度	1.70	0.602
	B17	本市公共体育设施选址的民主参与度	1.57	0.630
	B18	本市公共体育设施建设的公共财政投入	2.26	0.769
	空间设施规划层面		1.91	0.285
	总体满意度		2.25	0.257

(二) 独立样本 t 检验

基于性别这个二分变量的 t 检验结果表明：总体满意度在不同性别的人群中存在统计意义上的显著差异，女性居民对济南市公共体育设施空间布局状况的总体满意度更低。除此以外，在空间设施布局概况满意度、空间设施使用满意度、空间设施规划满意度方面，t 值分别为 -3.832、-0.096 和 3.275，在 0.01 水平上达到显著。在空间设施布局概况满意度上，男性居民满意度的平均得分为 2.54 分，女性居民为 2.63 分；在空间设施使用满意度上，男性居民满意度的平均得分为 2.09 分，女性居民为 2.10 分，男性居民比女性居民对空间设施使用的满意度更低；在空间设施规划的满意度上，男性居民的平均得分为 1.95 分，女性居民为 1.89 分，女性居民对空间设施规划更不满意；在空间设施交通满意度上，男性居民与女性居民没有显著性差异（见表 4 - 12）。

表 4 - 12　济南市公共体育设施空间布局状况居民满意度独立样本 t 检验结果

项目	性别	数据描述			t 值
		样本量	平均数	标准差	
空间设施布局概况满意度	男	1020	2.54	0.42	-3.832**
	女	1186	2.63	0.38	
空间设施使用满意度	男	1020	2.09	0.46	-0.096**
	女	1186	2.10	0.39	
空间设施交通满意度	男	1020	2.72	0.49	12.708
	女	1186	2.30	0.52	

续表

项目	性别	数据描述			t 值
		样本量	平均数	标准差	
空间设施规划满意度	男	1020	1.95	0.29	3.275**
	女	1186	1.89	0.28	
总体满意度	男	1020	2.28	0.27	3.526**
	女	1186	2.22	0.24	

注：** 表示 P < 0.01。

（三）方差分析

根据数据的正态分布与方差分布情况，分别选择 SPSS 软件中不同的计算方法，对统计数据进行了单因素方差分析（见表 4 – 13）。

就空间设施布局概况满意度而言，在年龄、职业、月收入、居住时间、住房类型、活动频率背景变量上的方差分析 F 值在 0.01 显著水平上大于相应临界值，统计检验结果显著。这说明在以上因素影响下，居民对空间设施布局概况的满意度存在差异。年龄方面，"46—55 岁"和其他各组的满意度均有显著性差异，说明"46—55 岁"的居民对空间设施布局概况满意度存在较高的一致性，也就是满意度在这一因素上比其他年龄组的得分要高。相关分析表明，年龄与空间设施布局概况的满意度在0.01 水平上存在显著的正相关，但相关性不高。职业方面，"专业技术人员"和"私营企业主""离退休人员"不存在满意度的显著性差异，其他组之间存在显著性差异，其中"农业劳动者"的满意度最高，平均值为 3.24；"党政机关、事业单位管理人员"的满意度最低，为 2.09，说明"农业劳动者"这一群体对空间设施布局概况的敏感度不高。就月收入而言，除了"1000 元以下"和"4001—5000 元"两组的满意度不存在显著性差异，其他各组均存在显著性差异，说明不同收入水平组的居民对空间设施布局概况满意度不尽相同，表现出显著的差异性，也即收入水平这一因素显著影响了各组居民的满意度选择。居住时间方面，居住时间在"1—2 年"的居民与"11—20 年"和"20 年以上"的居民的满意度不存在显著性差异，其他各组存在显著性差异。相较而言，以上三组居民的满意度比"3—5 年""6—10 年"的满意度要低，说明居住时间在 3—10 年的居民对济南市公共体育设施空间布局的变化相对满意。住房

表 4-13 济南市公共体育设施空间布局状况满意度方差分析结果

背景变量	组别	空间设施布局概况满意度			空间设施使用满意度			空间设施交通满意度			空间设施规划满意度			总体满意度		
		平均值	标准差	F 值	平均值	标准差	F 值	平均值	标准差	F 值	平均值	标准差	F 值	平均值	标准差	F 值
年龄	16—25 岁	2.51	0.60		1.80	0.70		3.29	0.33		2.20	0.00		2.36	0.41	
	26—35 岁	2.60	0.20		2.20	0.00		2.33	0.00		1.80	0.00		2.22	0.06	
	36—45 岁	2.43	0.31	32.36**	2.26	0.23	31.01**	2.48	0.27	269.74**	2.01	0.14	257.18**	2.27	0.11	29.81**
	46—55 岁	2.88	0.47		2.01	0.63		1.96	0.56		1.73	0.31		2.17	0.35	
	56—65 岁	2.63	0.29		2.00	0.00		2.26	0.33		1.56	0.20		2.10	0.19	
	66 岁及以上	2.51	0.60		2.20	0.00		2.95	0.33		2.17	0.20		2.40	0.14	
职业	党政机关、事业单位管理人员	2.09	0.10		1.63	0.50		2.71	0.33		2.11	0.10		2.07	0.08	
	专业技术人员	2.53	0.19		2.13	0.09		2.22	0.16		1.67	0.19		2.13	0.14	
	军人	2.20	0.00		2.60	0.00		2.33	0.00		2.20	0.00		2.33	0.00	
	私营企业主	2.57	0.29	439.18**	2.25	0.69	112.68**	1.54	0.16	650.6**	1.57	0.29	253.59**	2.03	0.38	182.83**
	农业劳动者	3.24	0.20		1.76	0.20		2.67	0.00		1.92	0.10		2.37	0.03	
	在校学生	3.20	0.00		2.60	0.00		3.67	0.00		2.20	0.00		2.83	0.00	
	商业服务人员	2.66	0.30		2.09	0.10		2.62	0.33		1.91	0.10		2.29	0.14	
	离退休人员	2.49	0.10		2.20	0.00		2.95	0.33		2.17	0.20		2.04	0.14	

续表

背景变量	组别	空间设施布局概况满意度 平均值	标准差	F值	空间设施使用满意度 平均值	标准差	F值	空间设施交通满意度 平均值	标准差	F值	空间设施规划满意度 平均值	标准差	F值	总体满意度 平均值	标准差	F值
月收入	1000元以下	2.51	0.60		1.80	0.70		3.29	0.33		2.20	0.00		2.36	0.41	
	1001—2000元	3.40	0.00		1.60	0.00		2.67	0.00		2.00	0.00		2.39	0.00	
	2001—3000元	3.00	0.00		2.00	0.00		2.67	0.00		1.80	0.00		2.33	0.00	
	3001—4000元	2.59	0.28	215.25**	2.18	0.37	70.24**	2.27	0.62	138.58**	1.77	0.34	97.19**	2.19	0.29	18.29**
	4001—5000元	2.35	0.09		2.25	0.22		2.42	0.14		2.00	0.14		2.24	0.07	
	5001—8000元	2.59	0.40		2.10	0.42		3.29	0.33		2.20	0.00		2.36	0.41	
居住时间	1—2年	2.47	0.48		1.95	0.59		2.94	0.53		2.05	0.19		2.29	0.34	
	3—5年	3.40	0.00		1.60	0.00		2.67	0.00		2.00	0.00		2.39	0.00	
	6—10年	2.89	0.10	206.84**	2.20	0.00	48.54**	2.62	0.33	219.98**	1.80	0.00	86.22**	2.35	0.08	50.65**
	11—20年	2.45	0.28		2.19	0.41		2.10	0.39		1.79	0.32		2.14	0.24	
	20年以上	2.49	0.10		2.20	0.00		2.95	0.33		2.17	0.20		2.40	0.14	

续表

背景变量	组别	空间设施布局概况满意度			空间设施使用满意度			空间设施交通满意度			空间设施规划满意度			总体满意度		
		平均值	标准差	F值	平均值	标准差	F值	平均值	标准差	F值	平均值	标准差	F值	平均值	标准差	F值
住房类型	住户	2.62	0.40		2.13	0.40		2.35	0.54		1.87	0.32		2.23	0.25	
	租户	2.53	0.19	6.67**	2.20	0.00	42.03**	2.44	0.16	223.53**	1.87	0.09	86.04**	2.24	0.05	13.08**
	其他	2.51	0.60		1.80	0.70		3.29	0.33		2.20	0.00		2.36	0.41	
活动频率	从不活动	2.87	0.41		2.20	0.49		2.22	0.42		1.87	0.09		2.30	0.09	
	很少活动	2.41	0.39		2.00	0.47		2.70	0.56		1.94	0.30		2.22	0.30	
	一般	2.56	0.32	69.58**	2.17	0.37	15.89**	2.48	0.63	37.41**	1.91	0.38	3.28*	2.26	0.32	4.63**
	较多活动	2.63	0.29		2.00	0.00		2.46	0.16		1.92	0.10		2.23	0.08	
	频繁活动	2.87	0.41		2.20	0.49		2.22	0.42		1.87	0.09		2.30	0.09	

注意：** 表示在 0.01 水平（双侧）上显著相关。* 表示在 0.05 水平（双侧）上显著相关。

类型方面，"住户"与"租户""其他"的满意度存在显著性差异，
"租户"和"其他"并没有显著性差异，说明是否拥有自己的住房对此
满意度选择的影响显著，有自己住房的居民的满意度更高。活动频率方
面，"较多活动"与"从不活动"的满意度没有显著性差异，其他各组
均有显著性差异，相对而言，"较多活动"与"从不活动"的满意度要
高一些。

空间设施使用满意度方面，在年龄、职业、月收入、居住时间、住
房类型、活动频率背景变量上的方差分析 F 值在 0.01 显著水平上也大
于相应临界值，统计检验结果显著。这说明在以上因素影响下，居民对
空间设施使用的满意度存在差异。具体而言，在年龄因素的影响下，
"16—25 岁"和其他各组的满意度均存有显著性差异；"66 岁及以上"
与"26—35 岁""36—45 岁"，"56—65 岁"与"46—55 岁"不存在
显著性差异，其中"16—25 岁"对空间设施使用满意度最低。职业方
面，除了"专业技术人员"和"商业服务人员""离退休人员"的满意
度不存在显著性差异，其他各组在 0.01 水平上差异显著，这三个组的
满意度相比其他各组而言，处于中等水平。月收入方面，"3001—4000
元"和"4001—5000 元"的满意度趋同，其余各组的满意度存在显著
性差异，说明收入水平在 3001 元以下的居民，其对空间设施使用满意
度的选择相对分化，月收入与空间设施使用满意度之间存在显著性正相
关，随着收入的增加，对空间设施使用的满意度提高。居住时间方面，
"6—10 年"与"11—20 年""20 年以上"的满意度没有显著性差异，
其他各组有显著性差异，说明居住时间长的居民对空间设施使用的满意
度趋同，居住时间短的居民对空间设施使用更加不满意。住房类型方
面，"住户"和"租户"的满意度不存在显著性差异，"其他"组与这
两组之间存在显著性差异，说明在空间设施使用方面，是否有固定的居
住场所对空间设施满意度的选择造成了影响。在活动频率方面，"从不
活动"与"频繁活动"、"很少活动"与"较多活动"的满意度没有显
著性差异，"从不活动"和"频繁活动"居民的满意度相对较高，两者
之间相关不显著，说明活动频率与空间设施使用满意度之间不存在统计
意义上的线性相关关系。

空间设施交通满意度方面，年龄、职业、月收入、居住时间、住房类型、活动频率背景变量的方差分析 F 值在 0.01 显著水平上也大于相应临界值，统计检验结果显著。这说明在以上因素影响下，居民对空间设施交通满意度也存在差异。年龄方面，"26—35 岁"和"56—65 岁"的满意度不存在显著性差异，其他各组存在显著性差异；"16—25 岁"的居民对空间设施交通满意度较高。在职业方面，"党政机关、事业单位管理人员"和"农业劳动者"两组的满意度不存在显著性差异，其他各组均差异显著，"党政机关、事业单位管理人员"的满意度较高，这也许与"党政机关、事业单位管理人员"这一群体可选择的交通方式比其他群体多、"农业劳动者"出行次数较少有关。月收入方面，"1001—2000 元"与"2001—3000 元"的满意度没有显著性差异，说明"1001—3000 元"收入水平的居民群体选择出行的交通方式大致相同，他们对交通的满意度处于中等水平。居住时间方面，"1—2 年"与"20 年以上"、"3—5 年"与"6—10 年"的满意不存在显著差异性，说明居住时间短的、居住时间长的居民群体的出行方式与居住时间在"3—10 年"的群体的出行方式大致趋同。住房类型方面，各组的满意度均存在显著性差异，说明这三类居民群体在出行方式、对公共体育设施距离远近、公共体育周边环境的态度上不尽相同。活动频率方面，只有"从不活动"和"频繁活动"的满意度不存在显著性差异，而这两类居民群体对空间设施交通的满意度是最低的，这也许与他们在日常生活中从不参加活动或参与活动的次数比较多、遇到的交通不便事件多有关。

同样，空间设施规划满意度方面，在年龄、职业、月收入、居住时间、住房类型背景变量上的方差分析 F 值在 0.01 显著水平上，活动频率背景变量上的方差分析 F 值在 0.05 显著水平上也大于相应临界值，统计检验结果显著。这说明在以上因素影响下，居民对空间设施规划满意度存在差异。年龄方面，各年龄组对空间设施规划满意度均存在显著性差异，其中最不满意的是"16—25 岁"，其次是"66 岁及以上"，这两组居民对空间设施规划要求比较高。职业方面，"党政机关、事业单位管理人员"与"离退休人员"、"军人"和"在校学生"、"农业劳动者"和"商业服务人员"的满意度不存在显著性差异，其中"军人"和"在校学生"对空间设施规划的满意度最高，最不满意的是"私营企业主"。月收入方面，除了"1000 元以下"和"5001—8000 元"、"1001—2000 元"和"4001—5000 元"不存在显著性差异，其他各组均有差异。其中，"2001—3000 元"和"3001—4000 元"对空间设施规划的满意度更低一些。居住时间方面，"1—2 年"和"3—5 年"、"6—10 年"和"11—20 年"的满意度不存在显著性差异，除了"20 年以上"，基本上呈现居住时间越长，对空间设施规划满意度越低的趋势。住户类型方面，"住户"和"租户"的满意度没有显著性差异，这两组与"其他"有显著性差异，说明拥有固定住所的居民对空间设施规划的要求更高。活动频率方面，"很少活动"与其他各组存在显著性差异，这一群体对空间设施规划的满意度处于最高的水平，相关分析不显著，这说明活动频率与空间设施规划满意度之间也不存在统计意义上的线性相关关系。

最后，对总体满意度进行了分析，结果表明，在年龄、职业、月收入、居住时间、住房类型、活动频率背景变量上的方差分析 F 值在 0.01 显著水平上大于相应临界值，统计检验结果显著。这说明在以上因素影响下，居民对公共体育设施空间布局状况的总体满意度存在差异。具体而言，年龄方面，"16—25 岁"与"66 岁及以上"、"26—35 岁"与"36—45 岁"不存在显著性差异，"56—65 岁"只和 46—55 岁"的满意度不存在显著性差异，"46—55 岁""56—65 岁"对济南市公共体育设施空间布局状况的总体满意度更低，年龄与公共体育设施空间布局状况的总体满意度之间不存在统计意义上的线性相关关系。职业方面，"离退休人员"与"农业劳动者"的总体满意度不存在显著性差异，其余各组之间均存在显著差异，其中，"党政机关、事业单位管理人员"的总体满意度最低。月收入方面，"3001—4000 元"组的总体满意度相对更低。居住时间方面，"3—5 年""6—11 年""20 年以上"这三组的总体满意度不存在显著性差异，其余各组之间存在显著性差异，这三个组的居民对济南市公共体育设施空间布局状况的总体满意度更高。住房类型方面，"住户"和"租户"的满意度没有显著性差异，这两组与"其他"有显著性差异，说明住房是影响居民总体满意度的重要因素。活动频率方面，各组的总体满意度没有显著性差异。其中，"很少活动"的总体满意度最低，相关分析显示，活动频率与公共体育设施空间布局状况总体满意度之间也不存在统计意义上的线性相关关系。满意度与背景变量之间的皮尔逊相关系数，见表4-14。

表4-14　　　　满意度与背景变量之间的皮尔逊相关系数

相关性	年龄	职业	月收入	居住时间	住房类型	活动频率	空间设施布局概况满意度	空间设施使用满意度	空间设施交通满意度	空间设施规划满意度	总体满意度
年龄	1										
职业	0.508**	1									
月收入	0.460**	0.170**	1								
居住时间	0.799**	0.410**	0.646**	1							
住房类型	-0.598**	-0.199**	-0.605**	-0.658**	1						
活动频率	0.079*	0.310**	0.225**	0.430**	-0.237**	1					
空间设施布局概况满意度	0.076*	0.393**	-0.273**	-0.190**	-0.112**	-0.156**	1				
空间设施使用满意度	0.093**	0.192**	0.416**	0.298**	-0.185**	-0.06	0.213**	1			
空间设施交通满意度	-0.197**	0.374**	-0.538**	-0.346**	0.500**	0.093**	0.309**	-0.037	1		

续表

相关性	年龄	职业	月收入	居住时间	住房类型	活动频率	空间设施布局概况满意度	空间设施使用满意度	空间设施交通满意度	空间设施规划满意度	总体满意度
空间设施规划满意度	-0.185**	0.264**	-0.289**	-0.133**	0.316**	0.045	0.033	0.162**	0.733**	1	
总体满意度	-0.052	0.472**	-0.208**	-0.110**	0.142**	-0.048	0.649**	0.587**	0.698**	0.658**	1

注：*表示 P<0.05；**表示 P<0.01，双侧检验。

第四节　公共体育设施布局与休闲体育空间效应分析

一　济南市公共体育设施体系结构不合理

调查结果显示，济南市公共体育设施体系结构不合理。从总量上看，省市级和区级公共体育设施供给不足，区级以及居住区级的公共体育设施建设均达不到国家规划标准。在现有的社区内，健身路径占地面积狭小，设备功能较为单一，不能有效满足不同年龄社区居民的健身需求。随着全民健身热潮的日益高涨，居民对公共体育设施的需求增多，公共体育设施不仅要满足数量与质量的要求，合理体系的构建也日益迫切，只有实现多层次、均衡性和全覆盖的布局，才能有效满足居民的休闲体育生活需求。

二　济南市公共体育设施空间分布不均

济南市公共体育设施空间布局具有"重点轻面"的特点，中心城区的公共体育设施密集度比较高，周边区域稀少。这种布局特点与济南市逐步向周边扩展的趋势相背离。随着济南周边新区的开发与建设，济南市现有布局下的公共体育设施服务半径将难以满足新区人口快速增长的休闲体育生活需求。

三 济南市公共体育设施缺乏

济南市当前人均公共体育设施面积为 0.18 平方米，只有国家标准的一半，且设施总量严重不足。另外，济南市公共体育设施规模档次也不够，大部分体育设施功能单一、同质化严重，难以有效满足居民日益多元的休闲体育生活需求。

四 济南市公共体育设施服务供给欠缺

无论是在数量上，还是在类型上，济南市的免费公共体育设施均比较少。不仅如此，现实生活中低收费的体育设施价格并不低，公共体育服务水准还有所降低，可及性与服务性不高，公共体育设施服务供给欠缺现象较为突出。

五 济南市公共体育设施供给满意度低

从满意度来看，济南市居民整体上对政府提供的公共体育设施感到"不满意"。济南市居民对公共体育设施空间布局状况满意度的平均得分为 2.25 分，对空间设施布局概况满意度、空间设施使用满意度、空间设施交通满意度、空间设施规划满意度的平均得分分别为 2.59 分、2.10 分、2.49 分和 1.91 分，满意度普遍偏低。从满意度平均得分可以看出：居民最不满意的方面在于空间设施规划，其次是空间设施使用；虽然济南市居民对空间设施布局概况满意度和空间设施交通满意度相对较高，但还是处于不满意的范畴内。方差分析显示，在各个组别水平上，满意度基本上呈现统计学意义上的显著性差异。这说明济南市居民对公共体育设施供给的态度更加趋于多元化，体现为不同层次的需求。

第五节　本章小结

本章重点围绕休闲体育空间的主要表征和空间效应进行了研究，包括休闲体育空间的主要表征分析、公共体育设施布局物理表征分析、公共体育设施布局心理表征分析和公共体育设施布局与休闲体育空间效应分析。

作为居民进行休闲体育活动的物质基础，休闲体育空间具有两方面的表征：一是外显的空间物理表征，表现为在一定的物理空间范围内，居民休闲体育活动场地的数量、面积和位置；二是内含于居民心中的空间心理表征，表现为居民对休闲体育活动场地的满意程度。

从城市体育设施布局物理表征分析来看，无论是公共体育设施的规划与布局方面，还是公共体育服务供给方面，济南市公共体育设施及其服务均达不到国家相关标准的要求。

从公共体育设施布局心理表征分析来看，年龄、职业、月收入、居住时间、住房类型、活动频率背景变量的方差分析 F 值在 0.01 显著水平上大于相应临界值，统计检验结果显著。这说明在以上因素影响下，居民对公共体育设施空间布局状况的总体满意度存在差异。

从公共体育设施布局与休闲体育空间效应分析来看，济南市公共体育场地设施体系结构不合理、空间分布不均、服务供给欠缺、居民对供给满意度低以及公共体育设施缺乏。

目前济南市提供的公共体育设施存在明显的效应失衡，远未达到居民的满意水平。无论是在数量、类型布局上，还是在配套设施的提供上，都需要政府有步骤地制订公共体育设施布局的规划，尽可能精准地满足不同层次居民的实际需求，为济南市"体育强市"战略的实施奠定坚实的基础。

第五章 公共体育设施布局与休闲体育空间耦合的阻滞因素分析

国家体育总局印发的《"十四五"体育发展规划》提出，"2020年底，我国人均体育场地面积达到2.2平方米，经常参加体育锻炼人数比例达到37.2%；到2025年，人均场地面积达到2.6平方米，经常参加体育锻炼人数比例达到38.5%"①。但目前中国公共体育设施主要存在总量供给不足、有效供给不足、以满足竞技体育需求为主、难以满足居民健身需求等问题，原因是多方面的，既有政策层面的，也有城市规划实践方面的。落实《全民健身计划纲要》，建立分布更均衡、使用更便捷的公共体育设施，需要统筹各方面资源，为建立更高水平的公共体育服务体系而努力。

第一节 公共体育设施布局的要求

一 公共体育设施布局必须首先满足人民体育健身需求

公共体育服务是衡量社会经济发展水平的重要指标之一，公共体育设施建设是城市公共体育服务的基本内容，公共体育设施布局与居民休闲体育生活存在紧密的联系，关系到人们美好生活建设，属于重要的民生问题。公共体育设施布局效果既可以定量评价，也可以定性分析，是当前社会学研究的热点和难点。公共体育设施布局受到诸多社会因素的影响，既有来自政府、社会、市场、企事业单位、公民等执行主体层面

---

① 国家体育总局：《"十四五"体育发展规划》，http://www.gov.cn/xinwen/2021-10/26/Gontent-5644894.htm。

的，又有来自立法制度保障、宏观政策引导、中观组织管理、微观运行布置等具体实施层面的，还有来自第三方社会组织等评估与监督管理机构的。公共体育设施布局是一项重大的系统工程，既要考虑城市规划布局的科学性，又要关注居民公共体育需求的现状，还要考虑公共体育设施的经济实效性与社会效益。但有一点是毋庸置疑的，那就是公共体育设施布局要与休闲体育空间紧密耦合，形成一个有机的生命共同体，满足人民体育健身需求，实现健康中国与体育强国的战略目标。

二　公共体育设施的规划布局要充分体现政策指向

2019 年 8 月，《国务院办公厅关于印发体育强国建设纲要的通知》（国办发〔2019〕40 号）明确提出到 2035 年人均体育场地面积达到 2.5 平方米的目标，部署了统筹建设全民健身场地设施的具体任务；指明加强城市绿道、健身步道、自行车道、全民健身中心、体育健身公园、社区文体广场以及足球、冰雪运动等场地设施建设要与住宅、商业、文化、娱乐等建设项目综合开发和改造相结合，合理利用城市空置场所、地下空间、公园绿地、建筑屋顶、权属单位物业附属空间等发展方向；提出鼓励社会力量建设小型体育场所，完善公共体育设施免费或低收费开放政策，有序促进各类体育场地设施向社会开放，紧密结合美丽宜居乡村、运动休闲特色小镇建设，鼓励创建休闲健身区、功能区和田园景区，探索发展乡村健身休闲产业和建设运动休闲特色乡村的实施路径。这是第一次从国家层面翔实地提出了全民健身公共体育设施布局，从宏观上对中国全民健身基础场地设施建设提出了指导性意见，为未来中国公共体育设施布局指明了方向。因此，为了公共体育设施布局的长远发展，首要做好当前公共体育设施布局现状的分析，找出制约因素，破解困境，科学规划公共体育设施布局，并强化其与休闲体育空间的深度耦合。

三　优化公共体育设施布局应与城市发展协调一致

伴随着中国公共体育服务供给侧结构性改革，城市公共体育服务已经从体系构建进入结构优化的转折时期，中国公共体育设施布局供给也发生了根本性变迁，其空间布局既影响着市民公共体育权利的实现，也影响着城市的生态化发展。① 改革开放 40 多年以来，中国城市公共体育服务得到突飞猛进的发展，尤其是近 10 年来，城市公共体育服务水平得到显著提高，小康社会全面建成，人民美好生活目标逐步实现，国民健康素质逐年提升，国家投入公共体育的经费逐年攀升，公共体育设施覆盖率屡创新高。但也存在很多不理想的地方，如城市公共体育设施规划政策与实际发展需求相悖，公共体育设施布局的科学性不高、使用的有效性不强、可持续性较弱、经费使用缺乏科学有效的规划和考核监督。根据第六次全国体育场地普查结果，中国人均体育场地面积 1.46 平方米（截至 2013 年底），② 截至 2015 年底，全国人均体育场面积仅为 1.57 平方米，③ 远低于日本、韩国等周边国家的平均水平。虽然相比 10 年前有了较大的增长，但远低于日本、欧美等体育发达国家的水平。当然，城市公共体育设施配置偏低的原因除了地方经济文化发展水平不高，还有一部分原因是城市体育设施布局的不合理。因此，下文将结合社会经济发展水平，剖析影响因素，通过制度策略调整修正公共体育设施布局的规划与实施。

第二节　公共体育设施布局与休闲体育空间耦合的影响因素

从管理学角度来看，影响公共体育设施布局与休闲体育空间耦合的主要因素可分为软性因素与硬性因素。其中，软性因素包括政策法规、居民需求，硬性因素包括土地供应、资金渠道、物理空间。整体上看，影响公共体育设施布局与休闲体育空间耦合的软、硬性因素较多，唯有"软硬"兼施，方能实现两者协同发展。

① 丁冬梅、赵扬、范安辉：《城市公共体育服务设施的现实境遇与对策：一种人口地理学视角——以重庆主城区为案例》，《西安体育学院学报》2017 年第 1 期。
② 蔡玉军、邵斌：《问题与策略：中国城市公共体育空间集约化发展模式研究》，《天津体育学院学报》2015 年第 1 期。
③ 马忠利、陈浩、王立华：《中、俄 2015 年前公共体育设施建设规划研究》，《西安体育学院学报》2014 年第 3 期。

一　政策法规

（一）公共体育设施布局的政策法规制定

政策法规是中国公共体育设施布局的决定性因素。新中国成立以来，中国出台并实施了多项关于公共体育设施布局规划的政策法规，主要涉及城市公共体育设施用地、社区规划、体育设施标准等方面，形式与文本内容也丰富多样。1986 年 11 月 29 日城乡建设部、国家体委颁布《城市公共体育运动设施用地定额指标暂行规定》，将体育设施用地级别分为市级、区级、居住区级和小区级。《城市居住区规划设计规范》进一步细化和落实了城市体育设施建设布局的内容与要求。《中华人民共和国城市规划法》《体育法》《公共体育文化设施条例》《城市公共体育运动设施用地定额指标暂行规定》《城市居住区规划设计规范》以及地方政策法规都对城市公共体育设施规划起到一定的指导与监督作用。① 2002 年国家体育总局体育设施建设和标准办公室（以下简称国家体建办）成立，这是中国专门研究和管理体育设施标准问题的行政主管部门。2005 年国家体建办制定并出台了《体育设施标准》，该标准涉及各类体育设施及器材行业相关标准，对实践操作具有很强的指导性。2012 年印发的《"十二五"公共体育设施建设规划》要求将公共体育设施纳入当地国民经济和社会发展规划、城乡建设规划及土地利用规划。② 中国有关城市公共体育设施布局的政策法规始于 1986 年，2002—2012 年出台的政策法规相对较多，该时期是中国城市化的高速发展期。总体上看，中国城市公共体育设施布局出台的相关政策法规较少，且存在年度跨越大、执行效力差、文本内容过时、实践操作性不强、管理体系不完善等问题。这与当时社会法制建设滞后有很大的关系。同时，关于农村公共体育设施布局的法律法规更是凤毛麟角，也体现了中国公共体育服务设施建设相关法规的失衡与不健全。

城市规划作为一项事关重大的社会活动，关乎国泰民安。因此，公

---

① 由世梁：《我国城市体育设施建设布局研究文献分析》，《西安体育学院学报》2015 年第 2 期。

② 由世梁：《我国城市体育设施建设布局研究文献分析》，《西安体育学院学报》2015 年第 2 期。

共体育设施布局必须在科学合理的政策法规引导下组织实施，保障公共体育设施建设的科学性与使用的可持续性。相关政策法规能够保障居民享受公共体育服务的基本权利，督促政府、社会、企事业单位、社区积极履行服务职能。一项好的政策必须经过严格的前期调研、决策、试行、执行、评估、反馈、修正等环节，缺一不可。

在中国公共体育设施布局政策法规的制订与实施中，都不同程度地存在一定的缺陷，笔者仅从影响公共体育设施布局规划的方面进行探讨。中国公共体育设施布局缺少一个综合性的专门机构，可以成立一个国家层面的公共体育设施规划办公室，从而总体协调上下级部门之间的联络与调动，既能掌握居民休闲体育生活需求，又能满足城市公共体育设施科学规划与战略布局，实现经济行政的独立性与公益性。要基于政府行政引导下组织土建部门、水利部门、体育部门、规划部门、城建部门共同参与，形成多部门、多组织的联合会商与协同治理机制，借助多学科、多专业的理论知识，在充分调研的基础上，共同制定公共体育设施规划政策，形成共建共治共享的局面。另外，应充分调动社会力量参与公共体育设施的建设，保证公共体育设施建设的全面实施与满足广大居民的休闲体育生活需求。政策的共同研讨制定，有利于提升政策的有效性。

（二）公共体育设施布局的政策目标

政策目标是政策的精准导向，政府在制定政策目标时必须明确其性质，这对政策的执行与评估有重要意义。要强调政策目标的公益性，建立"自下而上"的决策机制，充分调动民意，让人民参与政策体系建设，才能更好地实现公共体育设施布局与休闲体育空间的耦合。

关于公共体育设施布局的政策目标，首先要明确其是功利性的还是公益性的。公益性政策目标的确立对于公共体育设施布局政策的制定具有重要的现实意义，要突出政策的价值理性主义，弱化政策的工具理性主义。

政策目标决定政策的执行与评估，中国公共体育设施布局的政策目标主要是解决城市化进程中存在的城市居民休闲体育生活需求与城市公共体育空间不足的矛盾，解决的是供需结构问题。而中国大部分公共体育设施布局的政策目标是在居民休闲体育生活需求骤增的社会背景下所选定的，因此其大局性、前瞻性不足，科学性、亲民性有待进一步加强。笔者调研发现，部分公共体育设施布局的政策目标没有着眼于基层大众，而是城市规划与经济效益，导致其脱离公众公共体育生活需求，严重影响了政策目标的社会效益。因此，应充分发挥政府的主导作用，从政府层面建立城市居民公共体育服务需求调研机构，及时收集民众需求，采取科学调研、论证研讨的形式，准确判断需求，依据需求设计公共体育设施规划方案，达到供需平衡。

（三）公共体育设施布局的政策执行

政策执行是公共体育设施布局建设的关键。公共体育设施布局能否满足居民休闲体育生活需求，关键在于居民休闲体育生活需求与公共体育设施供给之间的衔接是否畅通以及基础民意表达是否准确。

目前中国公共体育设施布局的政策执行中，存在部分实施主体执行内容与政策内容不一致的问题。例如，在公共体育设施布局中，建筑部门擅自修改规划方案，将大部分体育健身场地设施改造成绿化面积。又如，在相关政策的执行过程中，体育管理部门相关体系不完善导致具体问题责任划分不明确，工作迟迟无法落实。前文已提及，有关公共体育设施布局的政策执行主体相对单一，决策权主要在政府，相关社会利益主体参与较少，参与不足导致政策目标偏离公共需求。同时，执行主体不健全，执行模式"一刀切、一盘棋"，缺乏有效的竞争机制且市场调控机制不健全，还存在寻租现象，等等。因此，政策制定要多元协商、政策执行要多元共推、政策评价要多方监控，这样才能达到共建共享共治的善治局面。多元社会主体协同供给公共体育设施是新时代社会治理的根本特征，是解决公共体育设施布局对居民休闲体育生活阻滞影响的有效手段。

（四）公共体育设施布局的政策评估

政策评估是检验政策执行效果的手段。多年来，中国公共体育设施布局政策评估主要是由政府实施，政府既是政策制定者，又是执行者，还是评估者，缺少外界的监督，导致政策评估的效果差强人意。另外，中国公共体育设施建设的标准体系不规范，缺乏关于公共体育设施布局的评估指标体系，导致评估过程中存在不规范、不合理的操作。由此，产生了评估目标不明确、评估主体单一、评估程序不规范、评估方法不科学、评估权威性与有效性偏低等现实问题。

因此，在公共体育设施布局的政策评估中，要采用多元评估主体参与模式，其中主要包括第三方组织、社会智库、公众等公益性组织或群体，构建引导以上主体参与评估的制度与路径选择。要采用多种评估方式，如事前评估与事后评估、短期评估与长期评估、过程性评估与终结性评估、政府评估与社会评估、定性与定量评估相结合，构建科学合理的评估指标体系，建立有效可行的评估标准，严格规范评估程序，形成闭合的反馈回路，做到有评估、有反馈、有落实。要建立公共体育设施布局政策评估的责任制度，依法追究问责，保证政策评估的公平性与有效性。

二　居民需求

准确把握公共体育设施布局的居民需求，才能更加科学地规划公共体育设施布局。对城市居民公共体育服务设施需求的影响因素主要包括性别、年龄、人口（实际净人口）、体育人口和体育参与率等。[①] 人口密度变化是影响公共体育设施布局的重要指标。在公共体育设施布局过程中，科学规划首要考虑区域内的人口密度以及设施的服务半径，区域人口密度的变化直接影响公共体育设施布局规划的服务半径。随着城市流动人口的增加及城市社区人口结构的变迁，公共体育设施布局的居民需求也发生了变化。例如，城市人口结构出现"老龄化"现象，居民的休闲体育生活需求也发生相应的变化，与原先设置的公共体育设施服务功能不对称、不匹配，导致公共体育设施供给闲置浪费，达不到应有的社会效益。

居民感知空间直接影响城市居民休闲体育生活需求转向，关乎公共体育设施布局的变化。空间感知是对结构、实体和空间关系的内心描绘或认识，换言之，是对空间和思想的重建和内在反映。空间感知是人类行为决策的基础，人们常用城市意象空间分析来度量城市居民对城市环

---

① 顾兴全：《城市基本公共体育服务设施供给标准化研究》，《北京体育大学学报》2018 年第 3 期。

境的感知。城市居民体育活动行为在改造城市空间的同时，也被城市空间"改造"。城市公共体育空间感知是基于居民主观判断的，是对公共体育设施布局的主观评判，也影响着居民对公共体育设施布局的主观需求。公共体育设施布局无法满足居民休闲体育生活需求，也间接影响着城市居民的公共体育空间感知。

三　土地供应

（一）公共体育设施布局的土地用途

2019 年，国务院办公厅印发《关于促进全民健身和体育消费　推动体育产业高质量发展的意见》，明确指出"各地区在编制国土空间规划时要统筹考虑体育用地布局，在安排年度土地利用计划时，加大对体育产业新增建设用地的支持力度"。按照城市社区规范发展要求，规划专门的、一定数量的、特定功能的体育设施，必须达到一定标准的体育场地人均面积。随着国民健康意识逐渐加强，城市居民对休闲体育空间的需求越来越强烈。公共体育设施建设涉及土地供应，但城市土地紧缺成为新时代城市化进程的重要掣肘，尤其是大型城市发展，城市公共空间紧缺成为常态。

因此，要从科学规划城市用地、规范简化土地审批程序、强化执行过程的监督考核、加强追究问责四方面出发，从依法规划、依法审批、依法追责等机制入手，做好城市公共体育设施土地供应工作，提高城市公共体育设施用地的科学性、可持续性。例如，运用科学的选址理论及技术，以人口密度、服务半径、覆盖面积、交通便利等指标为主要依据，进行政府、社区、公众等多元主体协商研讨，经专业评估后，做出优化选择。又如，出台相应的土地使用监督机制，加强监督与监管，明确土地用途，保证城市社区公共体育设施布局达标。

（二）公共体育设施布局的土地使用规范

中国公共体育设施布局基本上是依托城市整体规划布局、立足城市经济发展来确立的，形式基本上是独立的、单一的。目前，中国公共体育设施布局土地使用规范欠缺，在一定程度上影响了城市居民公共体育服务质量。例如，济南市的体育广场基本上位于周边的县域内，在济南市城区内少有布局。又如，在城市社区健身路径推行过程中，健身路径未经科学论证就任意安置，随意占有社区公共空间，造成部分老旧小区拥堵严重、居民参与健身效果差。

因此，必须规范公共体育设施布局的土地使用，系统设计、审慎验证，公共体育设施布局才能在新型城镇化建设进程中发挥应有的作用。例如，结合城市周边山地、水域优势，做好城市公共体育设施规划建设，建成城市公共体育设施区或休闲健身带、圈，更大范围地提高服务覆盖面，形成城市休闲体育生活网状结构。另外，要做到土地规划之前的专业论证，科学使用土地，充分利用地域优势，充分了解城市居民的公共体育需求。

（三）公共体育设施布局的土地使用考核

考核是检测公共体育设施布局土地使用有效性的重要手段。公共体育设施布局的土地使用是由规划部门验收的，但在验收过程中，涉及土地使用效益的考核极少，存在考核不全面、不规范的问题。不全面主要体现在考核指标内容的缺失上，尤其是土地的选择、土地使用效果，如土地贡献度、公众满意度等。不规范主要体现在考核目标偏颇、考核主体单一、考核过程不严谨等方面，如评估主体参与少、社会公众监督不够。

因此，公共体育设施布局的土地使用考核应做到以下几点。第一，公共体育设施布局的土地使用考核应在政府监督下，交付第三方评估机构承担，由企事业单位与公众参与，形成多元评估主体，才能提高评估的科学性。第二，合理选取考核指标与考核标准，建立完善的考核指标体系，制定科学的考核方案。考核标准要以强调满足休闲体育空间需求的社会效益评估目标为主，考核内容要以居民对土地使用的满意度及休闲体育空间需求目标达成度为主。第三，确立公共体育设施布局土地使用考核机制，健全相应的奖惩制度。

四　资金渠道

（一）公共体育设施布局的财政投入

2019 年，国务院办公厅印发的《关于促进全民健身和体育消费　推动体育产业高质量发展的意见》指出："组织实施全民健身提升工程，安排中央预算内投资支持全民健身和体育产业基础设施建设。"近年来，中国公共体育设施布局的财政投入比重逐年增加，虽然大量的资金投入扩大了公共体育设施的规模，但出现了公众体育服务效率大打折扣的现象。例如，济南市奥体育中心，投资总额约 2.9 亿元，建筑面积 59000 平方米，中心场地 12000 座，还配套建设热身馆、训练馆各 1 个，室外篮球训练场 13 个，笼式足球场地 5 个，但免费为居民提供的健身场地仅有田径场地、田径热身场地和足球场副场地各 1 个，其他场地设施均为收费项目。同时，资金投入方向的偏颇在一定程度上增加了城市居民享受公共体育基本权利的非均衡性。由于中国城市化的快速发展，城市外来人口增加，人口的流动性增大，造成公共体育设施布局与人口密度之间的错位。为此，在公共体育设施布局资金投入方向上应遵循城市人口空间学原理，实现资金投入动态变化。

另外，地方经济发展不平衡，对公共体育设施布局的投入差距较大，导致城市公共体育设施服务供给的区域差异明显。总体上看，地方政府在公共体育设施布局上重点考虑城市整体的发展，因此重高楼大厦轻场地设施，公共体育设施布局的财政投入普遍不足。地方政府对公共体育设施布局的投入主要依靠政府拨款与体育彩票资金，政府拨款主要用于大型体育场馆、体育公园的建设，体育彩票资金主要用于全民健身路径建设。现实中，这两种经费的投入都需要在社区或者城市中寻找一个支点，这个支点既不属于政府，也不属于体育部门，而是属于社会或社区，这就要求体育专业组织机构参与规划部署，政府部门、体育部门、规划部门协同参与，才能提高资金的使用效率。

（二）公共体育设施布局的社会资本投融资

社会资本投融资是公共体育设施布局的资金来源之一，主要包括企业投资、社会融资等。2019 年，国务院办公厅印发的《关于促进全民健身和体育消费　推动体育产业高质量发展的意见》明确指出："政府投资新建体育场馆应委托第三方企业运营，不宜单独设立事业单位管理。""鼓励各类市场主体利用工业厂房、商业用房、仓储用房等既有建筑及屋顶、地下室等空间建设改造成体育设施，并允许按照体育设施设计要求，依法依规调整使用功能、租赁期限、车位配比及消防等土地规划、设计、建设要求，实行在五年内继续按原用途和土地权利类型使用土地的过渡期政策。合理利用公园绿地、市政用地等建设足球场、篮球场、排球场等体育设施，鼓励社会资本参与投资建设并依法按约定享受相应权益。已交付的体育设施由体育部门履行监管职责，确保落实体育用途。"社会资本融入公共体育设施布局是新时代中国特色社会主义建设的一项有益性探索，随着市场经济的快速发展，社会资本储量占比相当大，运用闲散的、有效的社会资本参与大型公共体育场馆与设施、体育公园及广场的布局建设，能够有效缓解政府财政压力，提高公共体育设施建设的效率。当前中国很多城市的大型体育场馆主要采用私企建设、公私合营、委托运营等多种合作模式，如 BOT 模式、PPP 模式、其中 PFI 模式等，PFI 模式是公共体育设施建设的新型融资方式。政府应进一步提供政策支持，推行体育产业化发展模式，鼓励和引导社会资本融入公共体育设施布局建设，建立健全社会力量参与城市公共体育设施建设的体制机制，实现中国公共体育设施布局的共建共享共治模式。

总之，社会资本投融资是公共体育设施布局的主要资金来源，倡导多元主体的多模式投资和融资，将成为未来城市体育设施建设的主要趋势，建立健全社会资本的融入体系，最大化社会资本投融资的社会效益产出，是持续推进公共体育设施布局与休闲体育空间深度耦合的关键点。

五　公共体育设施布局的物理空间

中心地理论为公共体育设施布局空间分析提供了理论参考，"以中心向周边辐射"是中心地理论的核心，城市公共体育空间应选址于服务区域的"中心地"，以便更好地向"腹地"提供服务，这也就是以点带面的布局模式。受自然地理环境、城市经济发展水平及城市中长期发展规划等因素的影响，城市公共体育设施的服务区域不是一成不变的，而是多变、易变的，也容易受到区域人口分布密度、交通便利条件、公共体育设施类型与规模的影响。公共体育设施选址往往需要靠近行政中心、公共活动中心，以达到聚集人气、带动经济发展的目的，但公共体育设施布局应与城市发展的总体方向和总体规划保持一致。公共体育设施布局具备一定的物理空间特征，具有层次性、区域性，各层次、各区域之间相互联系、相互影响，最终连成线、形成面，呈现一定的网状结构，公共体育场馆、公共健身设施、体育主题公园等都是网状结构上的节点，承担着重要的社会调节作用，将社区、组织、群体联系在一起，形成更大的社会群体结构，具备较强的网络治理特征，便于网络化治理的实施。

（一）空间特征与布局困境

中国体育公共设施布局的空间特征存在非均衡性，导致公共体育设施布局与休闲体育空间供需不平衡，且缺乏空间行为需求导向，导致居民满意度低。空间资源不足是公共体育设施布局的主要困境。

通常，城市公共体育空间应设置在通达性好、交通便利的地方，较低级别的城市公共体育空间主要基于步行可达，中等级别的城市公共体育空间主要基于非机动车可达，较高等级的城市公共体育空间主要基于机动车可达进行布置。① 但目前中国公共体育设施布局不合理，尤其处于城市市区的体育设施空间布局不足、人口密度大，基本上达不到国家的标准，即出门就能参加健身或 10 分钟健身圈的目标。另外，中国规模较大的体育场馆主要修建在郊区，为大型体育赛事所用，这些体育场馆距离市区较远，可达性差，周边配套服务设施不齐全，造成场馆闲置严重、运营困难。笔者通过实地调研发现，受到传统城市发展规划观念的影响，城市生活空间逐年减少，城市公共体育设施空间资源严重不足，主要体现为总体数量不足、区域布局不合理、社区等级划分不清晰、基层设施建设不力等，且与其他类型的城市空间整合不力。

以休闲体育空间需求为导向，是改善中国公共体育设施布局空间特征与突破其困境的重要方向。公共体育设施布局应注重休闲体育空间需求，保证数量增长与质量提升相结合，同质兼容与互惠共赢相结合，实现城市公共体育空间的集约化发展。通过与城市中学校、公园绿地、楼宇建筑、道路、山水等空间形态相结合，可以大幅提升城市公共体育空间的服务能力。

（二）等级布局与服务半径

中国城市公共体育设施的等级布局存在以下三个方面的问题。一是

① 蔡玉军：《城市公共体育空间结构研究》，博士学位论文，上海体育学院，2012 年。

体育场地设施服务功能单一，无法满足居民的多样化需求。例如，城市中大型体育馆或体育中心主要为大型体育赛事服务。二是各区域内公共体育设施空间分布极不平衡。受经济发展水平、城区结构布局等因素的影响，公共体育设施的选址分布不均，如大型体育场馆往往设置在偏远的郊区，人口密度与设施比例不均衡。三是许多公共体育设施是由多部门共同管理的，存在多重隶属关系和多个利益主体，容易造成管理上的混乱。从公共体育设施布局与区域内人口密度指数协整性检验看，二者存在不协整的情况，即区域内公共体育设施布局与人口集中度不对应，在人口集中的地区，公共体育设施不能满足休闲体育空间需求，而在人口分散的地区，存在公共体育设施闲置浪费的现象。这种资源配置不均衡的情况在中国大中城市中是普遍存在的，尤其以大型城市更为突出。[①]

参照设的服务半径是欧美发达国家城市公共体育设施建设的重点层面，如英国早在20世纪80年代就已按照每2.5万人建设1处社区体育中心的标准进行配建。而在中国，服务半径在公共体育设施布局规划中很少被考虑，重点考虑的是城市的整体发展布局。例如，社区层面的公共体育设施，服务半径一般为800—1000米，虽然对于出行能力较弱的老年人、儿童来说，范围偏大（步行时间为16—20分钟），但实际上很少社区能够达到这个标准。

第三节　本章小结

影响公共体育设施布局与休闲体育空间耦合的主要因素可分为软性因素与硬性因素。其中，软性因素包括政策法规、民居需求，硬性因素包括土地供应、资金渠道、物理空间。影响公共体育设施布局与休闲体育空间耦合的影响因素是多层次、多主体的，需要以政府为主体，以居民休闲体育生活需求为主导，在统筹规划指导下实现公共体育设施布局与休闲体育空间的深度耦合。

---

① 蔡玉军：《城市公共体育空间结构研究》，博士学位论文，上海体育学院，2012年。

第六章 公共体育设施布局与休闲体育空间耦合机制构建[*]

公共体育设施布局与休闲体育空间耦合机制（以下简称"耦合机制"）的本质是公共体育设施布局与休闲体育空间之间的匹配、协调与有机统一，这种有机统一是合理配置社会资源的有效手段，可以从源头遏制社会资源（如人力、物力、财力等）的浪费与损失，处理好整体和局部的关系、重点和一般的关系以及长远效益与短期效益的关系。因此，构建耦合机制就要明确，一方面公共体育设施布局是公共体育服务的供给，另一方面休闲体育空间是居民对休闲体育生活的需求，耦合机制最终表现为供给和需求之间的关系。为此，本章将立足两者之间供需关系的本质，分析耦合机制的指导思想、指标体系以及构建的价值、意义和原则，等等，提出建立和完善耦合机制的对策建议。

第一节 耦合机制的指导思想

研究公共体育设施布局与休闲体育空间的耦合关系，须厘清两者供需之间耦合的关键要素。因此，耦合机制以"纵向分层、横向分类"为指导思想，纵向考虑行政区划和公共服务供给主体，横向满足群众不同类型的休闲体育需求，纵横两条主线将耦合的要素串联成系统。

---

* 本章主体内容已在北大核心期刊《山东体育学院学报》2021 年第 5 期发表。

一 纵向分层

公共体育设施是重要的民生需求和公共体育服务的物质载体,[①] 公共体育设施布局属于公共服务的范畴。[②] 根据新公共服务供给理论,公共服务供给主体可以多元化,但中国特色社会主义建设目标和发展规划是公共服务多元化发展的前提,这意味着公共服务的主导应为政府,国家(政府)是中国公共服务多元化参与研究的最大背景板和最重要影响因素,即"政府掌舵,多元主体划桨"的模式。[③] 基于中国行政管理制度的设计,公共体育设施一般按照属地化管理,即由地方人民政府及其派出机构按照行政区划分层进行管理。为此,根据由上到下的纵向管理体系,公共体育设施可以进行纵向分层,一般可以划分为市、区、街道、社区四个层次,按照不同层次区分公共体育设施的管理主体、供给主体、服务对象等内容。市级公共体育设施面向整个城市服务,一般规模较大,多属于综合性公共体育服务中心,主要由市体育局或国资委等部门具体管理;区级公共体育设施主要面向本区或周边居民服务,多以健身中心等形式出现,规模适中,主要由教育和体育局等部门管理;街道级公共体育设施一般规模较小,由街道办事处管理,服务于街道居民;社区级公共体育设施规模小、形式多,主要由居委会管理,以服务社区居民为主(如表 6 - 1 所示)。

表 6 - 1　　　　　　　城市公共体育设施的纵向分层

纵向分层	形式	规模	管理机构	服务对象
市	体育中心	较大	市体育局或国贸委等	全市居民
区	健身中心	适中	教育和体育局等	辖区居民
街道	文体中心	较小	街道办事处	街道居民
社区	体育站点	小	居委会	社区居民

注:本表中公共体育设施形式仅为常见形式的举例,只要向社会成员免费或低收费开放,为满足居民健身休闲、体育锻炼、赛事观赏、业余训练等目的的体育设施及其附属设施,都属于本书探讨的公共体育设施范围。

---

① 张瑞林、王晓芳、王先亮:《论中国全民健身公共服务"凭单制"供给》,《体育学刊》2013 年第 4 期。

② 柴王军、沈克印、李安娜:《国家体育治理的空间逻辑:公共体育场馆法人治理类型、评价与路径》,《武汉体育学院学报》2019 年第 7 期。

③ 王磊、朱亚涛:《新公共服务理论内涵与启示》,《清江论坛》2019 年第 1 期。

二　横向分类

横向分类是根据居民的不同需求划分的休闲体育空间。需求理论研究形成了很多不同的成果，其中，马斯洛将人的需求划分为生理需求、安全需求、社交需求、尊重需求和自我实现需求五个层次，[①] 人类休闲体育活动属于较高层次的自我实现需求，并且不同个体、不同人群对休闲体育以及休闲体育空间的需求存在差异。[②] 以服务于城市居民需求为出发点，公共体育设施应与休闲体育空间相一致，具体而言，横向分类具有两种方法。第一种是按照不同群体进行分类，一般分为儿童、青少年、成年人和老年人，儿童、青少年的休闲体育需求具有娱乐性、安全性等特征，成年人的休闲体育需求具有健身性、标准化等特征，老年人的休闲体育需求具有生活化、舒适性等特征。第二种是按照需求内容维度的不同，可以划分为空间设施地理环境、空间设施维护管理、空间设施使用服务和空间设施布局政策。空间设施地理环境是居民关注的公共体育设施周边环境、空气质量等；空间设施维护管理是对公共体育设施的及时检修、良好的使用状态等；空间设施使用服务是公共体育设施的使用说明、健身指导等；空间设施布局政策是指政府及相关部门对公共体育设施的规划、建设、使用等政策措施（如表6-2所示）。

表6-2　　　　　　　　**城市居民休闲体育需求的横向分类**

按不同群体分	按需求内容维度分
儿童	空间设施地理环境
青少年	空间设施维护管理
成年人	空间设施使用服务
老年人	空间设施布局政策

① 茹家焱：《试论"后真相"时代的大众心理——来自马斯洛"需要层次"理论的解释》，《传播力研究》2019年第21期。
② 郑丽、王斌：《人的城镇化进程视域下居民休闲体育研究》，《武术研究》2018年第11期。

第二节　耦合机制的构建价值、意义与原则

公共体育设施布局的目标是满足居民的休闲体育生活需求，建立良性的耦合机制，对于发挥公共体育设施效能、丰富城市功能和提升居民生活水平具有重要的价值与意义。

一　构建价值

公共体育设施是城市功能的重要载体，构建耦合机制可以有效发挥公共体育设施功能，有助于贯彻国家发展战略、促进文明城市建设、促进人的全面发展等。（1）贯彻国家战略。当前社会发展领域高度关注人民健康问题，形成了两个重要的国家战略，一是健康中国国家战略，其重要表现为 2016 年 10 月 25 日，中共中央、国务院印发了《"健康中国 2030" 规划纲要》;[①] 二是全民健身国家战略，2014 年 10 月 2 日，国务院在《关于加快发展体育产业促进体育消费的若干意见》中将全民健身上升为国家战略。[②] 健康中国和全民健身两个国家战略都强调科学健身对促进健康的重要作用，构建耦合机制有利于建设科学合理的体育设施，提供居民健身休闲的载体，是贯彻健康中国和全民健身国家战略的重要抓手。（2）促进文明城市建设。文明城市建设是新时代城市建设的重要风向标，[③] 文明城市评价指标具有综合性，既包括文明行为，也包括城市生活设施等众多方面，[④] 其中提出体育场地布局的安排、体育场地数量、人

---

①　鲍勇、张安:《中国健康事业研究回顾与展望：献给建国七十周年》,《中华全科医学》 2019 年第 9 期。

②　沈体:《以创建为抓手，进一步落实全民健身国家战略》,《福建日报》2019 年 4 月 3 日第 1 版。

③　潘竞苏:《基于新时代背景下创建文明城市的对策研究》,《第十六届沈阳科学学术年会论文集（经管社科）》，中共沈阳市委、沈阳市人民政府、国际生产工程院、中国机械工程学会、沈阳市科学技术协会，2019 年 10 月。

④　孙剑锋、秦伟山、孙海燕、李世泰、杜岩:《中国沿海城市海洋生态文明建设评价体系与水平测度》,《经济地理》2018 年第 8 期。

均体育场地面积、体育场地使用状况等具体要求。构建耦合机制，无疑是实现选址适中、与地域条件协调的公共体育设施的路径。同时，安全良好的健身场所可以为居民形成文明的生活方式奠定基础，反之又可以消除马路健身、广场舞扰民等不文明行为的产生。（3）促进人的全面发展。社会发展、城市建设等最终还是为了实现人的全面发展，[①] 人的全面发展是"人们的劳动活动以及需求和能力的自由全面发展"[②]。构建耦合机制，建设更多便利的城市公共体育设施，方便人们休闲、健身、娱乐，可以更好地满足人们对美好生活的需求、对自由发展的需求。

二　构建意义

构建耦合机制，可以促进公共体育设施科学布局，形成公共体育设施规划、建设和使用的良性机制，发挥城市公共体育的应有功能。具体而言，构建耦合机制的意义包括以下几个方面。第一，优化城市功能。城市建设发展是为了满足人们生产、生活等需要，[③] 而城市建设的关键在于发挥良好的城市功能，休闲体育生活是城市功能的重要构成部分。构建耦合机制，可以根据居民的需求，科学布局公共体育设施，形成城市满足休闲体育空间的载体和基础，从而丰富和完善城市的功能。第二，提升城市形象。公共体育设施广泛布局于城市社区、街角巷边、公园绿地等，[④] 构建耦合机制，可以有效利用城市的不同空间，布局建设色彩亮丽的公共体育设施，提升城市空间形象。同时，公共体育设施是城市活力的象征，也可以提升城市的形象。第三，提升居民生活品质。构建耦合机制可以将人们需要的休闲体育空间合理布局到便利的范围，方便居民健身、休闲和娱乐，[⑤] 提高人们的生活质量，提升居民幸福感和

---

① 黄保才：《文明实践，通往人的全面发展之桥》，《台州日报》2019 年 8 月 5 日第 3 版。

② 易琳：《浅析马克思人的自由全面发展思想》，《延边党校学报》2019 年第 4 期。

③ 高明磊：《全市农村人居环境整治城乡环境综合整治城市功能与品质提升工作现场推进会发言选登》，《九江日报》2019 年 8 月 24 日第 2 版。

④ 杨琳、许秦：《基于场域理论的国际马拉松赛与城市形象传播策略研究》，《湖南大学学报》（社会科学版）2019 年第 4 期。

⑤ Hancock, S. and Y. Wells, "The Change in Quality of Life for Older Australians: A Rural and Urban Comparison", *Australian Journal of Rural Health*, Vol. 27, No. 4, 2019.

获得感。① 第四，提升居民健康素质。构建耦合机制，为城市居民提供了便利、安全、舒适的健身场所，提高了人们从事健身活动的积极性，方便居民科学从事健身活动，发挥体育的健身、健心、社会交往多元动能，② 有利于提高居民的健康水平。第五，助力全民健身战略的实施。构建耦合机制，有助于优化公共体育设施资源配置和提高配置效率，一定程度上优化了中国公共体育设施管理工作，可有效统筹安全管理、资金保障、设施维护、场地（馆）开放等，推动全民健身战略的实施。

三 构建原则

基于公共体育设施布局"纵向分层、横向分类"的指导思想，构建耦合机制应遵循服务人民、科学严谨、公平公正、方便易用、动态监管的原则。（1）服务人民原则。进入社会主义新时代，"以人民为中心"成为经济社会高质量发展的指导思想，③ 建设公共体育设施是以人民为中心思想的贯彻落实，为此，构建耦合机制要以服务人民作为出发点和落脚点，围绕服务人民、满足人民需求的核心，规划设计耦合机制，促进公共体育设施更好地服务人民。（2）科学严谨原则。公共体育设施如何实现为人民服务，需通过科学严谨的方法，从休闲体育活动需求出发，结合城市规划、体育设施建设等科学规律，规划布局公共体育设施。④ 科学严谨本质上是通过科学的方法形成耦合机制，严谨设计公共体育布局。（3）公平公正原则。城市之间以及城市不同地区、不同社区之间千差万别，既包括地理位置、自然环境的不同，也包括居住条件、社区文化、生活水平的差异，为此，在构建耦合机制的过程中，

① 吴军：《地方文化风格的测量及其对城市发展的驱动作用——〈场景：空间品质如何塑造社会生活〉书评》，《城市管理与科技》2019 年第 2 期。

② 陈森胜、谢冬兴：《城市绿道体育的社会控制功能与逻辑》，《广州体育学院学报》2019 年第 4 期。

③ 胡博成：《新中国 70 年资本的社会主义化：历史、经验和实践导向》，《西南大学学报》（社会科学版）2019 年第 5 期。

④ 吕朝阳：《城市既有住区体育设施修补规划技术与策略研究》，硕士学位论文，河北建筑工程学院，2019 年，第 19 页。

应考虑不同地区、不同社区、不同条件城市居民的差异性，公平公正地提供公共体育设施服务，努力实现城市公共体育服务均等化。[①]（4）层次性原则。系统论的层次性原理明确了组成系统的各要素间存在种种差异，从而体现为系统功能、结构、作用等层级秩序性，为耦合机制的构建提供了成熟的理论基础，因此构建耦合机制应遵循层次性原则。这是保障公共体育设施公平有效供给、精准满足居民休闲体育活动需求的基础。从整体化视角考虑不同层次的耦合机制还可以使其相互弥补、各取所长，真正满足多元化及个性化的城市居民参与休闲体育活动的差异化需求。深化公共体育设施空间的层次性，是建设合理的体育设施空间的重要途径，对满足居民差异化体育需求具有重要作用，要从多层次、多维度、多角度构建系统、科学的耦合机制。（5）方便易用原则。公共体育设施布局与休闲体育空间的耦合，涉及较多的影响因素，但公共体育设施具有普及性和广泛性，为此，构建耦合机制，不应过于烦琐和复杂，而应简便易行、易于操作、方便实施。[②]（6）动态监管原则。公共体育设施布局是一个持续性发展的系统工程，[③] 初始规划、布局、建设公共体育设施固然重要，但后续的跟进、维护、管理和使用指导等亦不可忽略，构建耦合机制，需充分考虑动态监管以适应公共体育设施持续性功能发挥的要求。

第三节　耦合机制的指标体系

本节研究的数据资料与模型构建均来自济南市，济南市已形成较完整的公共体育设施布局政策法规体系，济南市公共体育设施建设也是较为健全的。在筹建十一运会期间，济南市投资 155 亿元用于建设比赛场地和健身场馆，规划和建设训练场馆 65 个、比赛场馆 64 个。其中，维

---

①　姚烨：《基于可达性与公平性的上海市静安区社区体育设施空间分布特征及优化对策研究》，硕士学位论文，华东师范大学，2019 年，第 23 页。

②　李陈、戴磊、林书伟、卢美霖、李欣怡：《上海市公共体育设施布局的时空差异研究》，《上海工程技术大学学报》2019 年第 1 期。

③　朱晓芳、陈亚伟、董蓓：《弹性规划理念下的社区级公共体育设施布局方式探索——以镇江老城区为例》，《江苏城市规划》2019 年第 2 期。

修改造 85 个，新建 44 个，构建了竞技体育和公共体育全面发展的格局。

本研究经过专家访谈、效度检验、信度检验等设计了《公共体育设施空间布局状况满意度调查问卷》，并对样本城市进行了问卷调查。选取调查对象采用了分层分类抽样法，根据"纵向分层、横向分类"的指导思想进行了抽样，抽样对象分为 4 个层次和 4 个类别。问卷相关的统计结果见第四章。

一 耦合机制指标体系的构建

按照"目标—领域—指标"的设计理念，经过多轮次、多专家论证，结合《公共体育设施空间布局状况满意度调查问卷》构建了公共体育设施布局指标体系，目的是通过构建耦合机制科学合理布局公共体育设施以满足居民的需求。因此，居民的满意度是基本目标，为实现这一目标，需充分考虑公共体育设施地理环境、社会维护、设施使用和空间布局等因素。为此，构建了耦合机制指标体系并确定了指标权重（见表 6 - 3）。其中，一级指标 4 个，包括空间设施地理环境、空间设施使用服务、空间设施维护管理和空间设施布局政策。二级指标 18 个，包括布局状况、设施数量、设施功能、设施安全性、设施种类、设施维护、设施使用指导、设施使用秩序、设施适应纠纷处理、设施收费价格、设施距离位置、设施交通便利情况、设施周边环境、设施配套设施、设施布局科学性、设施选址透明度、设施选址民主参与度、设施建设投入。

表 6 - 3   **耦合机制指标体系与权重**

一级指标	指标权重	二级指标	指标权重
空间设施地理环境	0.28	B1 布局状况	0.04
		B2 设施数量	0.07
		B5 设施种类	0.02
		B11 设施距离位置	0.04
		B12 设施交通便利情况	0.05
		B13 设施周边环境	0.06

续表

一级指标	指标权重	二级指标	指标权重
空间设施 使用服务	0.27	B7 设施使用指导	0.09
		B10 设施收费价格	0.09
		B8 设施使用秩序	0.05
		B9 设施适应纠纷处理	0.04
空间设施 维护管理	0.22	B3 设施功能	0.10
		B4 设施安全性	0.04
		B6 设施维护	0.06
		B14 设施配套设施	0.02
空间设施 布局政策	0.23	B15 设施布局科学性	0.06
		B16 设施选址透明度	0.04
		B17 设施选址民主参与度	0.02
		B18 设施建设投入	0.11

二 耦合机制指标权重的确定

根据调查问卷中获取的数据，对指标进行了探索性因子分析，分析结果显示 KMO（适切性指标）= 0.891，方差近似值为 879.0664，球形检验显著性水平 P = 0.017，符合统计分析的要求，公共体育设施布局指标之间具有相关性，可以进行探索性因子分析。按照各因子载荷高于0.5、公因子方差大于0.4、特征值向量大于1的标准，多次进行探索性分析，最终提取出4个公因子，分别命名为空间设施地理环境、空间设施使用服务、空间设施维护管理、空间设施布局政策。4个公因子共包括18个题项，累计方差达79.71%，达到了因子分析的统计学标准。探索性因子分析结果如表6-4所示。

表6-4 　　　　　　　　　　耦合机制探索性因子分析

公因子	题项	标准载荷	特征根向量	方差（%）	信度系数	聚敛效度
公因子1： 空间设施 地理环境	B1 布局状况	0.79	8.41	23.17	0.82	0.77
	B2 设施数量	0.86				
	B5 设施种类	0.76				
	B11 设施距离位置	0.82				
	B12 设施交通便利情况	0.85				
	B13 设施周边环境	0.78				

公因子	题项	标准载荷	特征根向量	方差（%）	信度系数	聚敛效度
公因子2：空间设施使用服务	B7 设施使用指导	0.77	3.51	21.64	0.81	0.74
	B10 设施收费价格	0.88				
	B8 设施使用秩序	0.81				
	B9 设施适应纠纷处理	0.71				
公因子3：空间设施维护管理	B3 设施功能	0.80	2.66	18.53	0.79	0.78
	B4 设施安全性	0.81				
	B6 设施维护	0.83				
	B14 设施配套设施	0.78				
公因子4：空间设施布局政策	B15 设施布局科学性	0.86	1.71	16.37	0.76	0.71
	B16 设施选址透明度	0.75				
	B17 设施选址民主参与度	0.73				
	B18 设施建设投入	0.83				

在探索性因子分析基础上，本研究进行了因子标准化模型估值计算，经计算，各因子载荷值均大于 0.7，统计量高度相关，各维度组合系数 ≥0.79，达到良好的分析标准。在四个一级指标中，数据分析结果提示空间设施地理环境指标权重达 0.28，其中设施数量、设施周边环境、设施交通便利情况以及布局状况较易引起参与休闲体育活动居民的重视。空间设施使用服务权重占比也较高，达到 0.27，可以看出设施使用指导和设施收费价格是居民参与休闲体育生活中较为关注的因素。空间设施维护管理以及空间设施布局政策的权重占比较低，主要由于此两项内容与政府主体直接相关，前期公共体育设施的有效供给配合后期公共体育设施的有效维护管理才能较好地满足居民休闲体育生活需求。

第四节　耦合机制的模型构建与分析

耦合机制的构建，需在明确主要影响因子指标的基础上，考虑公共体育设施布局与休闲体育空间供需关系的逻辑通路，进而构建耦合机制模型，最后根据数据进行模型的评判分析。

一　模型构建

根据上文建立的耦合机制指标体系等，构建了如图 6 - 1 所示的耦合机制模型。公共体育设施布局可以由空间设施地理环境、空间设施使用服务、空间设施维护管理、空间设施布局政策 4 个指标反映，代表的是公共体育设施的供给情况；休闲体育空间主要由纵向分层和横向分类两个方面的指标反映，反映了休闲体育空间的需求满足情况；耦合机制模型系统内部各子系统（要素）之间、子系统与系统之间、系统与环境之间的相互关系，以互动方式，彼此产生互相依赖、互相联系或者相互影响的复杂的"动态关系"，最终公共体育设施供给情况与居民对休闲体育空间的满意度形成耦合关系。

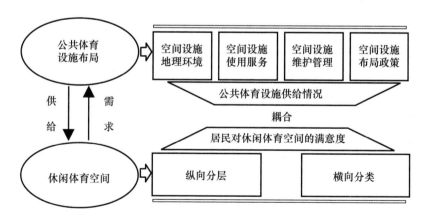

图 6 - 1　耦合机制模型

根据研究需要，本书提出以下四个假设。

H1：空间设施地理环境正向影响居民休闲体育空间满意度。

H2：空间设施使用服务正向影响居民休闲体育空间满意度。

H3：空间设施维护管理正向影响居民休闲体育空间满意度。

H4：空间设施布局政策正向影响居民休闲体育空间满意度。

二　模型分析

本书利用前期问卷调查中获取的数据，以公共体育设施布局为自变量，以居民对休闲体育空间的满意度为自变量，建立耦合机制模型，采用 AMOS 23.0 结构方程模型分析进行回归研究，以检验假设的正确性，并计算影响路径和影响系数。重点在于耦合机制的研究，其中"纵向分层"基于中国行政管理制度的设计，因为公共体育设施一般按照属地化管理，可以划分为市、区、街道、社区四个层次。各个层次公共体育设施的管理主体、供给主体、服务对象略有差异，但为居民提供休闲体育服务的目的是一致的，各个层次的空间设施地理环境、空间设施使用服务、空间设施维护管理、空间设施布局政策满足居民需求的机制是一致的。因此，为了方便分析，在具体耦合机制验证时，侧重于从横向分类角度出发，重点探讨空间设施地理环境、空间设施使用服务、空间设施维护管理和空间设施布局政策的耦合关系。首先，本研究对上述模型的合理性进行拟合度分析，分析结果如表 6－5 所示。其中 IFI、NNFI、CFI、GFI 检测值均大于标准值 0.9，SRMR、RMR、RMSEA 检测值均大于标准值 0.008，因此拟合度的七个指标全部符合要求，表明可以采用该模型进行后续分析研究。

表 6－5　　　　　　　　　　　　拟合度监测结果

拟合度指标	IFI	NNFI	CFI	GFI	SRMR	RMR	RMSEA
检测值	0.952	0.913	0.949	0.963	0.0454	0.0425	0.0514
标准	>0.9	>0.9	>0.9	>0.9	<0.08	<0.08	<0.08

其次，采用结构方程模型分析公共体育设施各个因子对居民满意度的影响情况，检验模型的正确性，结果如图 6－2 所示。空间设施地理环

境、空间设施使用服务、空间设施维护管理和空间设施布局政策的影响均大于0.6，拟合度检验也符合要求。

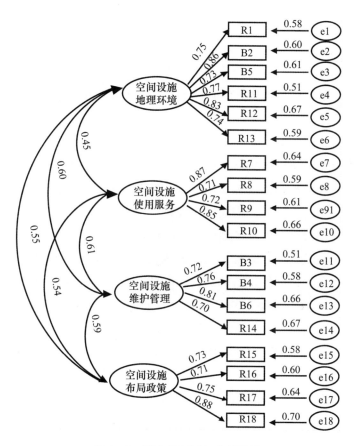

图6-2　耦合机制回归分析结果

由此可见，第一，模型可以有效地表述耦合机制，验证了空间设施地理环境、空间设施使用服务、空间设施维护管理、空间设施布局政策正向影响居民休闲体育空间满意度四个假设的正确性。第二，空间设施布局政策的中介影响效应显著，空间设施地理环境、空间设施使用服务、空间设施维护管理、空间设施布局政策四个因子相互影响，并且空间设施布局政策影响的中介效应显著。第三，耦合机制可以通过居民满意度进行检验，检验内容应充分考虑空间设施地理环境、空间设施使用服务、空间设施维护管理和空间设施布局政策四个方面。

第五节　耦合机制的形成与完善

耦合机制模型的建立，明确了公共体育设施布局与休闲体育空间耦合的影响因素，分析了各因素对耦合机制形成的影响路径和路径系数，下文将有针对性地分析如何形成与完善耦合机制并实现良性运转。

一　耦合机制的形成

耦合机制影响因素包括空间设施地理环境、空间设施使用服务、空间设施维护管理和空间设施布局政策，耦合机制中又涉及公共体育设施的供给主体和需求主体，为此，构建耦合机制应综合相关主体、融入影响因素。在耦合机制模型基础上，构建政府主导、部门协同、社会力量参与、居民融入的耦合机制。（1）政府是耦合机制的主导者。公共体育设施是激发居民休闲体育活动的物质载体，是公共体育服务的重要内容之一。耦合机制是供给公共体育服务设施的方式，如何建立这一运行机制？显然需要政府作为主导者，同时，公共体育设施布局政策具有中介效应，为此政府主导耦合机制的构建、运行和督导，有利于保证公共体育设施供给的有效性。（2）职能部门是耦合机制的协同方。政府主导公共体育设施布局，具体实施主要由政府职能部门承担，体育部门、城市管理部门、城市规划部门、城市建设部门根据各自职能承担相应的使用指导、维护管理、环境整治、规划建设等任务。（3）社会力量是公共体育服务设施的重要供给主体。可以采用政府购买公共服务等多种形式，发挥社会力量的优势提供公共服务。在公共体育设施供给过程中，政府应注重发挥社会力量的作用，有效提高供给效率，增加耦合机制的灵活性。（4）居民是耦合机制的"检验员"，耦合机制的服务对象是居民，居民满意度是检验公共体育设施布局的最高标准，为此应将居民需求和意愿融入公共体育设施布局中，参与公共体育设施布局规划和建设，跟踪居民对公共体育设施使用和维护的满意度。

二　耦合机制的完善

一是以人民为中心，构建美好休闲体育空间。明确以人民为中心的公共体育设施布局指导思想，建设人民满意、功能合理、方便易用的公共体育设施体系，将公共体育设施打造成为人民美好生活的重要组成部分。运行耦合机制过程中，一要居民事先参与，形成居民积极参与、民主决策的公共体育设施布局机制；二要居民事后监督，积极听取居民对公共体育设施布局的意见和建议。

二是落实政府责任，强化公共体育设施供给。公共体育设施供给是由公共部门、社会组织、市场主体等共同提供的以满足人民群众基本休闲体育需求为目的的公共体育设施供给行为。公共体育设施供给既包含"纯"公共体育设施供给，又包含"准"公共体育设施供给，因此公益服务与市场调节相结合是现实所需。政府作为公共体育设施供给的领导者与决策者，要明确其在保障全民积极参与休闲体育与公共体育设施供给中处于核心地位，发挥主导作用。按照纵向分层的指导思想，从上至下明确不同层级政府的职责，统筹规划不同层级的公共体育设施，形成层级之间公共体育设施类型搭配合理、结构功能互补的供给体系。在各级政府组织中，明确公共体育设施布局的职责，定期研究公共体育设施供给问题，保障全民健身国家战略的深化落实。

三是强化部门协同，构建齐抓共管的良性耦合机制。在政府的领导下，强化职能部门协同，建立联席会议制度和目标责任制度，科学规划、布局、建设公共体育设施。在实际工作中建立跨部门协调机制，重点建立结构性协调机制与程序性协调机制，打通纵向与横向协调，纵向主要强调各部门从上到下的贯彻执行以及协调配合，横向则强调同级政府互不隶属的部门及机构共同开展工作，明确具体工作该由哪个部门负责、如何协调以及如何推进等。

四是引入社会力量，提升公共体育设施供给品质。为满足人们日益增长的美好生活的需要，呼吁社会力量积极参与公共体育设施服务的供给，充分发挥社会力量的规模经济效应，为参与休闲体育活动的人们提供充足的、优质的以及个性化的公共体育服务。制定公共体育设施社会参与制度，明确公共体育设施规划、建设的资格要求、服务要求和监督职责，鼓励具有竞争优势的企业、社团组织参与公共体育设施供给，社会力量参与公共体育设施规划、建设、指导、维护等事务性工作，政府通过购买公共服务、公私合营等多种合作形式，定期发布项目、实施项目过程监督和事后监管，形成第三方参与公共体育设施服务耦合机制的新型发展格局。

第六节　本章小结

本章立足公共体育设施布局与休闲体育空间之间供需关系的本质，分析耦合机制构建的指导思想、意义价值、基本原则、指标体系等内容，最终建立耦合机制系统，并提出了耦合机制构建和完善的具体措施。耦合机制的构建，以"纵向分层，横向分类"为指导思想，纵向考虑行政区划和公共服务供给主体，横向满足不同群体的休闲体育需求，纵横两条主线将耦合的要素串联成系统。构建耦合机制，价值在于贯彻国家发展战略、促进文明城市建设、促进人的全面发展。构建耦合机制的意义为优化城市功能、提升城市形象、提升居民生活品质、提高居民健康素质。构建耦合机制，应遵循服务人民原则、科学严谨原则、公平公正原则、方便易用原则、动态监管原则。经过探索性因子分析，耦合机制包括 4 个公因子，分别为空间设施地理环境、空间设施使用服务、空间设施维护管理、空间设施布局政策，4 个公因子共包括 18 个题项，累计方差达 79.71%。在指标体系建立的基础上，构建耦合机制模型，模型检验显示空间设施地理环境、空间设施维护管理、空间设施使用服务、空间设施布局政策正向影响居民休闲体育空间满意度，空间设施布局政策的中介影响效应显著，耦合机制可以通过居民满意度进行检验。在耦合机制模型的基础上，构建政府主导、部门协同、社会力量参与、居民融入耦合机制。完善耦合机制应采取以下措施：以人民为中心，构建美好休闲体育空间；落实政府责任，强化公共体育设施供给；强化部门协同，构建齐抓共管的良性耦合机制；引入社会力量，提升公共体育设施供给品质。

第七章 公共体育设施布局与休闲体育空间耦合机制系统仿真[*]

前文对耦合机制要素进行了筛选，构建了耦合机制模型。基于公共体育设施布局的系统工程观，从系统结构和功能相辅相成的耦合视角出发，通过研究发现公共体育设施布局的地理环境、政策、维护管理、使用服务等均能够影响耦合机制效果，因此通过对系统要素进行干预，可以达到促进耦合的效果。

第一节 建模的思想及原则

一 建模的思想——系统动力学

由于公共体育设施布局与休闲体育空间耦合的实际运行效果需要几年的时间才能完整呈现，可以利用仿真手段模拟系统运行过程。这里选取了系统动力学（System Dynamics，SD）的方法进行耦合系统的仿真。系统动力学起源于 20 世纪 60 年代 Jay W. Forrester 与其同事在美国麻省理工学院斯隆管理学院的研究和工作，他们在应用反馈控制理论研究工业系统时出版了《工业动力学》一书，在书中使用了系统动力学的思想来实现模型。随后，Jay W. Forrester 撰写了《城市动力学》一书，该书将城市看作是人口、房屋、工业等要素相互作用、相互影响的系统。在系统中，城市高速发展必然带来土地占用率的提高，进而出现房屋老化、工业减缩等现象，为解决这个问题，Jay W. Forrester 模拟了拆除小部分"简

---

* 本章主体内容已发表于《体育学刊》2021 年第 6 期。

陋房屋"的方案，并得到了较好的模拟效果，这里应用的方法就是后来被人们熟知的系统动力学。到 20 世纪 70 年代，Jay W. Forrester 持续开展系统动力学相关研究，将美国的社会经济作为一个系统来研究，在 11 年中完成了包括 4000 余个方程在内的系统动力学模型，解决了一些经济领域中长期存在但让经济学家困惑不解的难题。从此，系统动力学受到了更为广泛的关注，并在理论和应用研究方面有了很大的发展，逐渐走向成熟。在后续的发展中，系统动力学不仅综合了系统思考和学习型组织理论，而且融合了先进的计算机技术。

系统动力学是一门分析和研究系统的学科，这里的系统大都指具有信息反馈能力的系统，系统动力学可以用来探索和进一步解决系统问题。系统动力学强调了系统、整体的观点，同时也强调发展、联系、运动的观点。系统内部一般存在非线性因素的作用和存在复杂的反馈因果关系。系统动力学在处理复杂系统问题时采用的是定性与定量相结合的方法，强调整体思考与分析、综合与推理的方法。系统动力学可以有效地把因果关系的逻辑分析和信息反馈的控制原理相结合，在处理复杂的实际问题时，首先从系统的内部着手，然后建立系统的仿真模型，接着对系统模型进行不同政策方案的模拟，通过计算机仿真展示系统的宏观行为，寻找解决问题的有效途径。正是由于模型的规范性，使得人们可以较清晰地构建思想、进行对政策实验的假设和对存在问题的解析，以便于在处理复杂问题时，可以逐步把假设中隐含的迷津追溯出来。系统动力学的建模过程有利于建模人员、决策者、专家群众的结合，便于使用各类资料、数据、经验与知识，也有利于学习其他系统学科和其他科学理论的精髓。

系统动力学强调系统地解决问题，从系统微观结构入手，研究和模拟系统的功能和运行过程，因此被认为是研究复杂系统和动态行为的有效方法之一。系统动力学要求我们在分析研究系统时，不仅要考虑系统的功能及其动态行为，还要充分考虑系统的组织结构；认真观察系统的结构及功能，建立模型，并通过不断地模拟仿真及真实性检验来完善模型，使得模型能够较为合理有效地反映真实系统。根据前面的研究，可以将空间设施地理环境、空间设施布局政策、空间设施维护管理、空间设施使用服务整合为地理环境子系统、布局政策子系统、维护管理子系统、使用服务子系统4个子系统。各系统内均存在因果循环关系，因此适合用系统动力学来研究。

基于此，本章用系统动力学的理论和方法，以上一章实证检验中获取的数据为支撑，构建公共体育设施布局与休闲体育空间耦合机制的系统动力学模型，通过仿真模拟对系统各要素变化产生的效果进行系统性研究，并提出针对性干预路径。

这里使用的是 Vensim 软件，该软件是一款先进的动力学建模软件，拥有强大的图形建模和模拟功能，可进行动力学模型模拟、复合模拟、数组变量、真实性检测和灵敏性测试等。基于专业的系统动力学软件进行建模仿真是系统动力学的主要特点之一，另外，Vensim 软件提供了可视化的工作界面和多样化的图形编辑功能，可以对系统动力学模型进行概念化、仿真模拟、敏感性分析和优化。

二 建模的原则

本章根据系统动力学构建公共体育设施布局与休闲体育空间耦合机制系统（以下简称"耦合机制系统"）模型的原则包括整体性、一致性、层次性、相关性、重点性原则。

第一，整体性原则。系统动力学模型基于系统分析的原则，不是独立地研究耦合机制中的一个或几个因素，而是详细地研究耦合机制系统中各个组成部分及其相互作用关系和环境对系统的影响，把耦合机制系统中的各个因素作为一个整体来进行分析研究。

第二，一致性原则。耦合机制系统模型中使用的变量和常量应与实际系统中的因素在概念和数量上保持统一，且耦合机制系统模型中变量的表达形式和度量单位也应统一。

第三，层次性原则。从系统动力学角度看，耦合机制系统是一种复杂、多因素的系统，因此应使用层次分析的方法进行系统结构的研究。

第四，相关性原则。耦合机制系统模型中的各个变量之间必须存在一定的相关性，保证耦合机制系统模型具有科学性和说服力。

第五，重点性原则。耦合机制系统模型的设计应该尽量简洁，对于复杂大系统而言，影响的因素很多，这时须选择具有代表性、相关度高的变量来表示系统的功能和结构，对于那些与耦合机制系统模型相关性不大的变量应忽略。

第二节　因果关系分析

一　系统边界确定及基本假设

系统是一个相对于研究问题而言的概念，也就是说，一个特定的系统既可能划分为多个子系统，也可能是其他系统的子系统。但是，研究问题的实质一旦确定，那么系统就确定了，其边界也应该是唯一的和清晰的。

系统边界实际上是一个假想的轮廓，它把与所研究问题有关的部分划进系统，与其他部分（系统环境）分隔开。但是研究问题的实质和建模的目的不同，系统就会划分不同的边界。那么系统边界应该如何划分，划分在何处才合理？根据系统动力学的理论，在进行系统边界的划分时，应该把系统中的反馈回路考虑成闭合的回路，尽量把那些与系统建模目的关系紧密、重要的变量都划入系统边界内。如果有必要还可以在定性分析的基础上进行定量分析，以此确定系统的行为主要由系统内部决定。

由于人类知识和思维能力的局限性，在系统动力学上不可能对一个无所不包的模型进行分析，在建模时需要从研究问题出发，尽可能地去掉不重要的因素，将关键因素保留在系统动力学模型中。为了进一步明确耦合机制系统模型的系统边界与研究主题，本章提出了如下前提假设。

前提假设1：选择合适的系统边界是建立系统动力学模型的关键，根据前文分析，将耦合机制系统分为地理环境子系统、布局政策子系统、维护管理子系统、使用服务子系统4个子系统，这4个子系统都在该模型的系统边界之内。

前提假设2：将耦合机制系统看作子系统与总系统相互影响的系统，也依据上一章实证分析结论考虑子系统之间的相互影响，但分析时每个子系统暂不考虑其他子系统的内部联系。

前提假设3：初始月为调查月，按照现有数据，整体运行时间为2

年，即 24 个月，按照 Vensim 软件设计规则将整个时间长度设计为 24 月。

前提假设 4：该系统仿真主要研究时间导致的变化，暂不考虑重大变革及其他非正常情况下导致的系统崩溃的情况。

二　子系统影响要素分析

地理环境子系统、布局政策子系统、维护管理子系统、使用服务子系统是影响耦合机制系统功能效果的关键模块，通过文献查阅、专家访谈等对这 4 个子系统的影响因素进行了分析。由于地理环境子系统、布局政策子系统、维护管理子系统、使用服务子系统的影响因素是集合了理论和实践经验的一个抽象概念，这里采取扎根方法进行。

扎根方法是一种适用于开展理论建构的质性研究方法，是基于后实证主义范式的方法，在系统、持续的收集资料基础上，通过不断理论取样、持续比较和深入研究，集合自下而上的归纳，衍生和建构出新的理论。扎根方法能够有效避免仅仅依靠经验或前置性理论模型对所搜集的资料和所得结论的"程式化"方面的限制。扎根方法已被应用到体育学领域，用于感知经验建模、评价体系构建等。目前，耦合机制的构建尚处于探索性阶段，前期研究未对耦合机制系统的影响因素进行系统的分析，无法进行深入的量化研究。扎根方法可以对现有资料进行理论采样和连续比较，能够对耦合机制系统这一类内涵与外延尚不明确或存在争议的理论概念进行界定或框架构建。本研究采用程序化扎根理论，按照资料收集与整理、资料编码（开放式编码—关联式编码—选择式编码）、形成理论模型、检验环节开展研究。

通过中国知网、万方、维普等数据库检索出公共体育设施布局与休闲体育空间相关的研究者，通过邮件等联系确定了 11 名研究者作为可访谈对象，这 11 名研究者情况如表 7-1 所示。

表 7-1　　　　　　　　　　研究者情况一览

序号	专家性别	职称	所在单位
1	男	研究员	国家体育总局
2	男	教授	北京体育大学
3	女	教授	北京体育大学

序号	专家性别	职称	所在单位
4	男	教授	上海体育学院
5	男	教授	上海体育学院
6	男	教授	天津体育学院
7	女	副教授	山东大学
8	男	副教授	山东大学
9	女	副教授	山东体育学院
10	男	讲师	山东大学
11	女	讲师	山东体育学院

对这 11 位研究者进行了访谈，访谈时通过录音的形式记录访谈内容，每位研究者访谈时长大都集中在 15 分钟到 40 分钟之间，通过转录软件形成文字资料共 4 万余字。对资料进行随机排序，通过理论抽样和持续比较，最终达到理论饱和时纳入分析的资料有 9 项。此时已无法再提供能形成新的概念和范畴的信息，但为确保研究结论的可靠性，又对余下 2 项资料进行编码，均未出现新的概念和范畴。由此可见，上述结论符合理论饱和的原则。

由于这些资料是无条理的、散乱的信息，如果使用单纯手工编码方式，会增大出现编码偏差的可能。因此选择使用质性分析软件 NVivo 11.0 对资料进行分析。NVivo 是 QSR 公司开发设计的计算机辅助质性数据分析软件，能够帮助研究者整合研究主题，快速捕捉资料信息点并进行编码，能够支持定性研究方法和混合研究。

（一）基于开放式编码的概念及范畴提取

开放式编码的主要目标是定义现象，是对资料逐级缩编、逐步进行概念化和范畴化。把收集到的研究者访谈原始资料进行可辨识的碎片化，将其中的概念打破、揉碎并重新组合。从资料中挑选与地理环境子系统、布局政策子系统、维护管理子系统、使用服务子系统有关的内容，对这些内容进行概念定义，随后对提炼的新概念继续进行挖掘、分析和归类范畴，最终提炼出 23 个开放式编码节点（如表 7-2 所示）。

表 7 - 2　　　　　　　　　　　　开放式编码节点

概念序号	概念节点	概念序号	概念节点
a1	环境使用	a13	规划合理
a2	环境满意	a14	科学布局
a3	环境不足	a15	使用意愿
a4	政府资金投入	a16	自愿维护
a5	政策支持	a17	主动建设
a6	企业支持	a18	使用感觉
a7	自发优化	a19	使用意愿
a8	健身需要	a20	奖励
a9	环境需要	a21	打卡
a10	生活需要	a22	人际传播
a11	自然资源	a23	大众媒体传播
a12	人文资源		

　　二级编码的主要任务是发现建立概念类属之间的各种联系，以表现访谈资料中各个部分之间的有机关联。这些联系可以是类型关系、策略关系、功能关系、因果关系、对等关系、相似关系、情境关系、先后关系、语义关系、结构关系、过程关系等。随着分析的不断深入，有关各个类属之间的各种联系应该变得越来越具体。对 23 个概念节点进行范畴化，得到 11 个范畴节点（如表 7 - 3 所示）。

表 7 - 3　　　　　　　　　　基于开放式编码的范畴化

范畴序号	范畴节点	概念序号	概念节点
A1	环境满足感	a1	环境使用
		a2	环境满意
		a3	环境不足
A2	政府举措	a4	政府资金投入
		a5	政策支持
A3	社会自发优化	a6	企业支持
		a7	自发优化
A4	需求	a8	健身需要
		a9	环境需要
		a10	生活需要

范畴序号	范畴节点	概念序号	概念节点
A5	资源情况	a11	自然资源
		a12	人文资源
A6	科学发展	a13	规划合理
		a14	科学布局
A7	使用率	a15	使用意愿
A8	自发维护	a16	自愿维护
		a17	主动建设
A9	使用感	a18	使用感觉
		a19	使用意愿
A10	鼓励	a20	奖励
		a21	打卡
A11	宣传	a22	人际传播
		a23	大众媒体传播

(二) 基于关联式编码的主范畴提取

关联式编码是在23个开放式编码及其所形成的11个范畴节点的基础上探究各范畴之间逻辑关系并形成主范畴的过程。通过对开放式编码所形成的11个范畴节点进行类聚、整合与深度分析，最终形成了4个主范畴节点（如表7-4所示）。由于维护管理中多次提及政府举措，A2"政府举措"同时归属为地理环境范畴节点和维护管理范畴节点。由于维护管理范畴节点中的"政府举措"大都集中在资金方面，在后文维护管理的分析中命名为"政府出资"。

表7-4　　　　　　　　　　**基于关联式编码的主范畴列表**

主范畴序号	主范畴节点	概念序号	概念节点
1	地理环境	A1	环境满足感
		A2	政府举措
		A3	社会自发优化
2	布局政策	A4	需求
		A5	资源情况
		A6	科学发展

续表

主范畴序号	主范畴节点	概念序号	概念节点
3	维护管理	A2	政府举措
		A7	使用率
		A8	自发维护
4	使用服务	A9	使用感
		A10	鼓励
		A11	宣传

（三）基于选择式编码的关系结构建立

选择式编码是在关联式编码的基础上，系统挖掘和处理范畴节点、主范畴节点之间的关系，通过提炼出典型关系结构"故事线"从而挖掘核心范畴的过程，是通过描述现象形成理论架构的过程。通过对开放性编码抽象出的环境满足感、政府举措、社会自发优化、需求、资源情况、科学发展、使用率、自发维护、使用感、鼓励、宣传11个概念节点以及地理环境、布局政策、维护管理、使用服务4个主范畴节点进行深入挖掘与分析，在不断与原始资料比对、互动的基础上，形成了以下影响耦合效果的"故事线"。地理环境会促进耦合指数的提高，随着社会自发优化会促进地理环境的提升，此外政府也会采取提升地理环境的举措，耦合指数的提高会提升环境满足感，然而环境满足感的提升会降低对地理环境的优化。布局政策会促进耦合指数的提高，随着科学发展会促进布局政策的优化，此外科学发展的实施也会促进布局政策的优化，耦合指数会促进需求的提高，然而需求的提高会降低布局政策的优化。维护管理会促进耦合指数的提高，随着政府出资的提高，维护管理程度会增强，此外自发维护的增加也会提升维护管理的效果，耦合指数的提高会降低使用率进而降低维护管理水平。使用服务会促进耦合指数的提高，随着宣传和鼓励的增加，使用服务会提升，耦合指数的提高会促进使用感的提升，然而使用感的提升会降低使用服务的效果。具体在子系统因果关系分析中会有详细说明。

三　子系统因果关系分析

地理环境子系统、布局政策子系统、维护管理子系统、使用服务子系统 4 个子系统是影响耦合机制系统功能效果的关键模块，结合影响因素，通过绘制因果关系图对其作用机理进行分析。

地理环境子系统的因果关系如图 7－1 所示，前文数据分析得出地理环境对耦合指数有正向作用的结论，此外地理环境受到政府举措、社会自发优化和环境满足感的影响。政府对环境的优化举措越多越会促进地理环境的优化，从而促进耦合指数的提高。社会也会对地理环境进行自发优化，且社会自发优化越多，地理环境越好。随着地理环境的优化，会使人类对环境产生满足感，认为地理环境已经足够优良，进而在一定程度上降低对地理环境的提升。

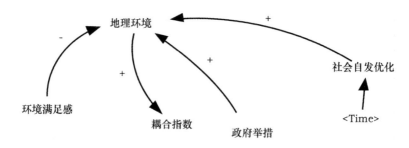

图 7－1　地理环境子系统因果关系

布局政策子系统的因果关系如图 7－2 所示，前文数据分析得出布局政策对耦合指数有正向作用的结论，此外布局政策受到科学发展、资源情况和需求的影响。科学发展举措越多越会促进布局政策的优化，从而促进耦合指数的提高。资源情况也会影响布局政策的规划，且资源情况越好，对应的布局政策将会越有效。随着耦合指数的提高，人们对公共体育设施的需求会降低，需求的降低在一定程度上影响了对布局政策的优化。

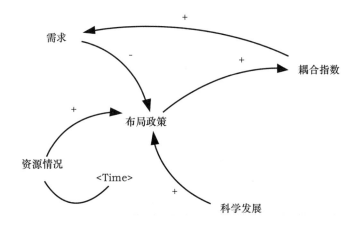

图7－2　布局政策子系统因果关系

　　维护管理子系统的因果关系如图7－3所示，前文数据分析得出维护管理对耦合指数有正向作用的结论，此外维护管理受到政府出资、自发维护和使用率的影响。政府出资越多会导致维护管理做得越好，从而促进耦合指数的提高。社会也会对体育设施进行自发维护，且自发维护越多，维护管理做得越好。随着维护管理的增强，耦合指数提高，人们提高了对公共体育设施的满意程度，进而降低了维护管理的频率。

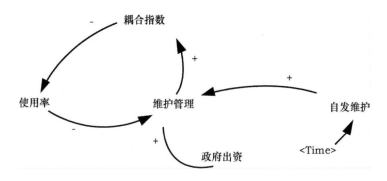

图7－3　维护管理子系统因果关系

　　使用服务子系统的因果关系如图7－4所示，前文数据分析得出使用服务对耦合指数有正向作用的结论，此外使用服务受到鼓励、宣传和使用感的影响。对公共体育设施使用服务的宣传越多，使用服务开展得就越多，从而促进耦合指数的提高。对公共体育设施使用服务的鼓励越大，使用服务的频率也会越高。随着耦合指数的提高，人们对公共体育设施的使用感会进一步提高，使用感的提高会在一定程度上导致使用服务跟不上。

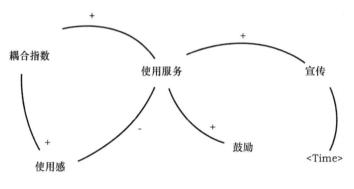

图 7 - 4　使用服务子系统因果关系

四　整体因果关系分析

综合分析，地理环境子系统、布局政策子系统、维护管理子系统和使用服务子系统 4 个子系统形成的耦合机制系统整体因果关系如图 7 - 5 所示。

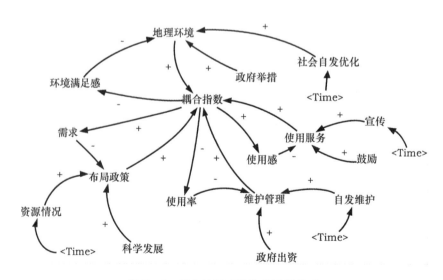

图 7 - 5　耦合机制系统整体因果关系

第三节　系统动力学模型构建

一　系统流图设计

系统流图是为了描述系统的运动而专门设计的一套符号图，有助于全面地认识系统，把握其中解决耦合机制系统问题的关键。系统流图中包括一些特定内容，如流位是用来描述系统内部状态，是系统内部的定量指标，也叫积累量，如人口总量；流率被用来描述系统中实体的状态，描述单位时间内流量的变化率，流率是控制流量的变量；流可以分为信息流和物质流两类，信息流是连通流位和流率的信息管道，信息流直接关系到系统控制的流，对决策产生很大的影响；物质流表示系统中流动着的物质，物质流是在系统运行过程中产生的实体流，对于系统的管理和控制没有直接的关系；辅助变量是变量之间的中介变量，其主要作用是通过这些中介变量使变量之间复杂、多层次的关系简单化，突出系统的某些重要关系和关键环节。由其他变量进行代数组合的辅助变量已不能很好地描述系统中某些变量之间的复杂非线性关系，这时引入表函数便能很好地解决这一难题，可以通过输入因变量和自变量的一组对应数值来描述这种关系。常数指的就是在系统运行时其数值一直保持不变的量。

以因果关系为基础，将耦合机制系统的系统流图分为地理环境子系统、布局政策子系统、维护管理子系统和使用服务子系统 4 个模块进行分析，耦合指数代码为 C。

在地理环境子系统模块中，流位变量为地理环境（E），与其对应的是地理环境优化（$R1$）、地理环境恶化（$R2$），辅助变量为社会自发优化（$E1$）、政府举措（$E2$）和环境满足感（$E3$）。

在布局政策子系统模块中，流位变量为布局政策（P），与其对应的是布局政策增强（$R3$）、布局政策减弱（$R4$），辅助变量为资源情况（$P1$）、科学发展（$P2$）、需求（$P3$）。

在维护管理模块中，流位变量为维护管理（M），与其对应的是维护管理增强（$R5$）、维护管理减弱（R6），辅助变量为自发维护（$M1$）、政府出资（M2）、使用率（M3）。

在使用服务模块中，流位变量为使用服务（U），与其对应的是使用服务提高（R7）、使用服务降低（R8），辅助变量为宣传（U1）、鼓励（U2）、使用感（U3）。

耦合机制系统存量流量如图 7 - 6 所示。

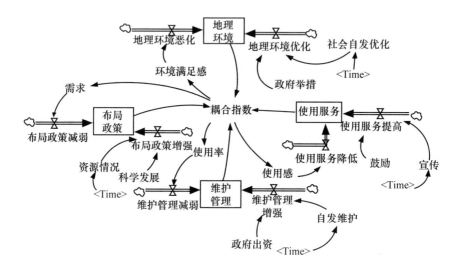

图 7 - 6　耦合机制系统存量流量

二　变量间函数关系确定

耦合机制系统中各变量间的作用关系，可以借助一定的函数形式来表达。耦合机制系统仿真的研究是在系统外部各种变量保持不变的前提下，聚焦地理环境子系统、布局政策子系统、维护管理子系统和使用服务子系统 4 大模块所包含的变量与耦合指数之间的关系，可以设定系统动力学模型方程。

前面对耦合机制系统各项数据进行了调查，对 3 个时点的地理环境指数、布局政策指数、维护管理指数、使用服务指数和耦合指数进行了计算，如表 7 - 5 所示。

表 7 - 5 　　　　　　　　耦合机制系统要素调查数据统计

时点	0 月	12 月	24 月
地理环境指数	3.53	3.67	3.80
布局政策指数	3.90	3.99	4.31
维护管理指数	3.56	3.71	3.94
使用服务指数	3.82	3.93	4.13
耦合指数	3.70	3.82	4.03

由于耦合机制系统各要素均可能对耦合指数产生正向影响，在以上假设成立的基础上根据类似的研究，[①] 仿照柯布—道格拉斯生产函数的形式设计方程。结合前面层次分析法得出的权重，将耦合指数方程设计为 $C = E^{0.28} \cdot U^{0.27} \cdot M^{0.22} \cdot P^{0.23}$。所有方程系数参照结构方程模型的路径系数、专家意见和模拟效果确定，如地理环境方程为 $INTEG$（$R1 - R2$，3.53）、布局政策方程为 $INTEG$（$R3 - R4$，3.82）、维护管理方程为 $INTEG$（$R5 - R6$，3.56）、使用服务方程为 $INTEG$（$R7 - R8$，3.9）、地理环境优化增加方程为 $E2$（$E1$）、地理环境恶化方程为 $0.8E3$、环境满足感方程为 $2 - 0.1C$、使用服务提高方程为 $U2$（$U1$）、使用服务降低方程为 $0.5E3$、使用感方程为 $0.1C$、维护管理增强方程为 $M2$（$M1$）、维护管理减弱方程为 $0.5M3$、使用率方程为 $0.6 - 0.1C$、布局政策增强方程为 $P2$（$P1$）、布局政策减弱方程为 $0.1P3$、需求方程为 $1 + 0.1C$，另有时间序列方程等。

第四节　模型检验

系统动力学模型检验的目的是验证所建模型与现实系统的吻合度，检验模型所获得信息与行为是否反映了现实系统的特征和变化规律。现

---

① 喻登科、周荣：《团队知识网络的结构、行为与绩效间的关系——系统动力学仿真分析》，《技术经济》2015 年第 11 期；高航、丁荣贵：《基于系统动力学的网络舆情风险模型仿真研究》，《情报杂志》2014 年第 11 期。

实系统是十分复杂的，模型只是现实系统的抽象和近似，对于模拟的要求限于模型得到的解只是相对的满意解。构建的模型能否有效代表现实系统，直接决定了模型仿真和政策分析质量的高低。因此，必须对模型进行有效性验证。系统动力学模型有效性检验方法可分为外观检验、运行检验、历史检验和灵敏度检验等多种。

一　外观检验

外观检验也称为直观检验，是通过查阅相关资料再次分析模型结构与实际是否一致。笔者对模型中各参数变量、各变量的因果关系、各函数方程的设计等进行了再次检查，变量函数关系式中的权重值由实证数据、所在团队专家打分并计算、主观赋值等结合的方式初步得出，并结合理论和实际采用试凑法对变量进行反复调整，力求所构建的耦合机制系统仿真模型与实际吻合。

二　运行检验

运行检验主要采用观察模型运行中是否有病态结果输出的方式，一般采用选取不同仿真步长的方式进行检验。[1] 以耦合指数这一参数的输出结果为例，分别设置步长为 0.25、0.5 和 1，得到的仿真结果如图 7－7 所示，可以看到整个运行过程基本是稳定的，未出现病态结果。

三　历史检验

历史检验是检验仿真结果与实际数据的差异，以保证模型与实际相吻合。通过对地理环境指数、布局政策指数、维护管理指数、使用服务指数和耦合指数的仿真数据进行历史检验（如表 7－6 和表 7－7 所示），发现预测值与实际值的误差不超过 5%，模型拟合度较好，可以认为模型有效。

---

① 李奕莹:《企业开放式创新社区用户贡献与创新管理研究》，博士学位论文，山东大学，2017 年，第 21 页。

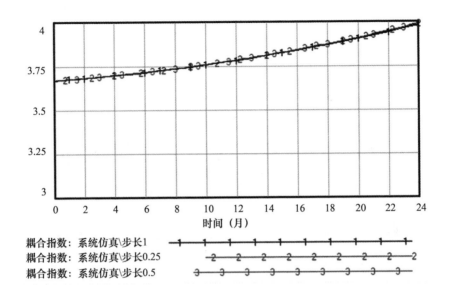

耦合指数：系统仿真\步长1
耦合指数：系统仿真\步长0.25
耦合指数：系统仿真\步长0.5

图 7 - 7　不同步长下耦合指数仿真结果比较

表 7 - 6　　　　　　　　　　　**模型的历史检验结果 1**

	地理环境			布局政策		
	实际值	预测值	误差	实际值	预测值	误差
0 月	3.53	3.53	0	3.90	3.90	0
12 月	3.67	3.68	0.27%	3.99	3.97	- 0.50%
24 月	3.80	3.81	0.26%	4.31	4.24	- 1.62%

表 7 - 7　　　　　　　　　　　**模型的历史检验结果 2**

	维护管理			使用服务			耦合指数		
	实际值	预测值	误差	实际值	预测值	误差	实际值	预测值	误差
0 月	3.56	3.56	0	3.82	3.82	0	3.70	3.70	0
12 月	3.71	3.71	- 0.50%	3.93	3.92	- 0.25%	3.82	3.82	0
24 月	3.94	3.93	- 1.62%	4.13	4.08	- 1.21%	4.03	4.00	- 0.74%

四　灵敏度检验

灵敏度检验是通过改变所建立模型的结构、方程或参数对输出结果进行比较，观察合理变动对系统的影响程度。灵敏度一般分为参数灵敏度和结构灵敏度。参数灵敏度检验的是整个模型的仿真变化对某参数值在合理范围内的敏感变化程度，当改变的参数是 X，输出的变量为 Y 时，可以建立灵敏度模型，见式 6 - 1。

$$S_{(t)} = \left| \Delta Y_{(t)} / \Delta X_{(t)} \right| \qquad (6-1)$$

如果模型因为某个 X 的微小变化而导致 Y 发生巨大变化，则认为模型对该参数灵敏度较高，需要经过一系列实验来建立信度。选取了维护管理 2 变量进行模拟，分析该参数值在 -3% —3% 范围内的变化对耦合指数的影响，如图 7 - 8 所示，可以看到没有发生巨大变化。灵敏度检验的是模型行为对结构与方程的合理变动是否过于敏感，通过文献和理论分析，认为本模型关系明确、结构有效。

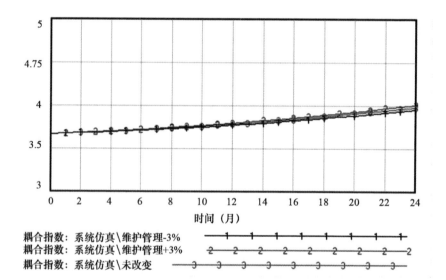

图 7 - 8　维护管理参数改变下耦合指数仿真结果比较

第五节　变异仿真分析

在确定模型有效后，设定模拟起始时间（Initial Time）为 0 月，终止

时间（Final Time）为 24 月，时间步长为 1 月，系统分析研究变量变化对
耦合系数的影响，并提出针对性的策略建议，以期为耦合指数角度的耦
合机制提升提供一定的参考。耦合干预的目的是提高耦合指数，因此在
设计时只进行正向的设计，分别选取了在仿真结果方面最为典型的四种
干预展开分析。虽然多个子系统的干预也会达到耦合指数提升的效果，
但是解析单个子系统干预的特点才能更好地厘清不同耦合指数提升策略
带来的变化，更简单、有效地制定提升措施。

一　地理环境干预仿真

将地理环境优化 $R1$ 提升 10%，耦合指数水平会产生正向变化，仿真
结果如图 7-9 中曲线 1 所示。干预后的耦合指数水平曲线变化坡度增大，
但与原始曲线整体趋势较为一致，前期的改变相对较小，后期的改变相
对较大。

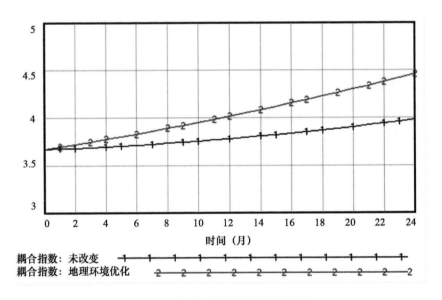

图 7-9　地理环境干预仿真结果比较

二 布局政策干预仿真

将布局政策增强 $R3$ 提升10%，耦合指数会产生正向变化，仿真结果如图7-10中曲线1所示。变异后的耦合指数曲线虽然高于原始曲线，但与原始曲线相比变化不大。

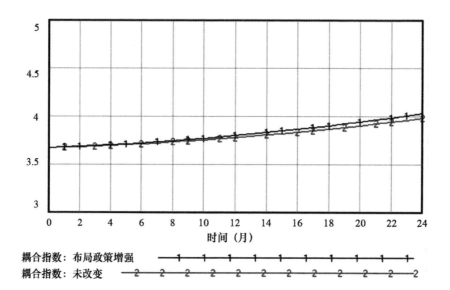

耦合指数：布局政策增强 ———1—1—1—1—1—1—1—1—1—1—

耦合指数：未改变 —2—2—2—2—2—2—2—2—2—2—2—2—

图7-10 布局政策干预仿真结果比较

三 维护管理干预仿真

将维护管理增强 $R5$ 提升10%，耦合指数会产生正向变化，仿真结果如图7-11中曲线1所示。变异后的耦合指数曲线虽然高于原始曲线，但与原始曲线相比变化不大。

四 使用服务干预仿真

将使用服务提高 $R7$ 提升10%，耦合指数水平会产生正向变化，仿真结果如图7-12中曲线1所示。变异后的耦合指数曲线虽然高于原始曲线，但与原始曲线相比变化不大。

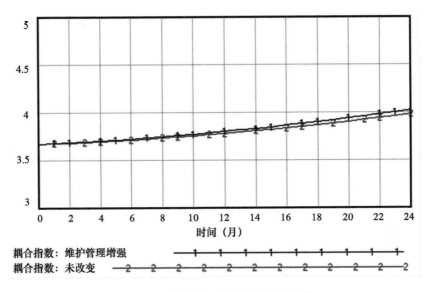

图 7 – 11　维护管理干预仿真结果比较

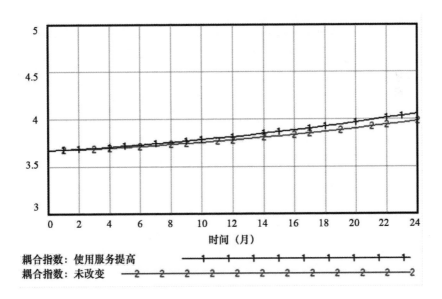

图 7 – 12　使用服务干预仿真结果比较

五　变异结果对比

将地理环境优化、布局政策增强、维护管理增强和使用服务提高干预变异结果放到一张图上比较，如图 7-13 所示。

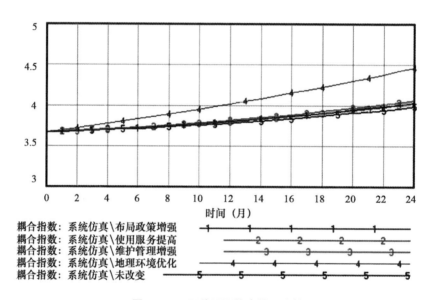

图 7-13　四种干预仿真结果比较

选取了 0 月、12 月、24 月的数值进行比较，如表 7-8 所示。整体来看，地理环境优化带来耦合指数水平较大幅度提升。

表 7-8　　　　　　　　　　干预导致耦合指数水平变化对比

	原始耦合指数	布局政策增强		使用服务提高		维护管理增强		地理环境优化	
		变异后耦合值	提升幅度	变异后耦合值	提升幅度	变异后耦合值	提升幅度	变异后耦合值	提升幅度
0 月	3.7	3.7	0	3.7	0	3.7	0	3.7	0
12 月	3.81	3.86	1.31%	3.88	1.84%	3.85	1.05%	4.25	11.55%
24 月	4.03	4.1	1.74%	4.15	2.98%	4.08	1.24%	4.79	18.86%

对图 7-13 和表 7-8 进行分析，同样是 10% 的变异，从时间变化来看各要素干预带来的变化不同。在 12 月期，四种要素干预均能带来高于

1%的耦合指数水平提升，其中地理环境优化干预提升幅度最高，达11.55%；使用服务提高干预提升幅度为1.84%；布局政策增强干预提升幅度为1.31%；维护管理增强干预提升幅度为1.05%。在24月期，地理环境优化干预提升幅度为18.86%，高于12月期的11.55%，依然是同时期提升耦合指数水平最大的要素；使用服务提高干、布局政策增强、维护管理增强三种要素干预提升幅度相对12月期均出现了不同程度的上升，但均小于地理环境优化干预带来的变化幅度。

　　无论是哪一种要素干预，无论是哪一段时期，都可以看出四种要素的变化能够对耦合指数产生或大或小的影响，基于四种要素的提升策略均能达到耦合指数提升的效果。虽然地理环境优化干预在整个仿真周期提升耦合指数作用最强，但是地理环境优化干预开展的难度最大，地理环境的优化很难在短时间内实现。相对而言，使用服务提高干预、布局政策增强干预、维护管理增强干预实现的可行性较高。从这三种要素干预仿真结果来看，整个周期使用服务提高干预的效果较为显著，后期的提升策略可以从使用服务提高角度入手。

第六节　本章小结

　　本章运用系统动力学的理论和方法，构建了耦合机制的系统动力学模型，通过系统仿真检验了各要素变化对耦合机制效果的影响。地理环境优化、布局政策增强、维护管理增强和使用服务提高干预4个要素，均能带来高于1%的耦合指数水平提升。使用服务提高干预、布局政策增强干预、维护管理增强干预实现的可行性较高，从这三种要素干预仿真结果来看，整个周期使用服务提高干预的效果较为显著，后期的提升策略可以从使用服务提高角度入手。

第八章　公共体育设施布局与休闲体育空间耦合机制的实现路径

耦合机制的具体实施需要实现路径的搭建才能落地，本章在前期研究的基础上，优化了耦合机制的"软硬"条件，进一步从耦合机制的运行模式和运行保障着手，构建了科学可行的耦合机制的实现路径。

第一节　实现路径的总体设计

实现路径，是指达到某一目标或任务所需的所有元素以及元素之间

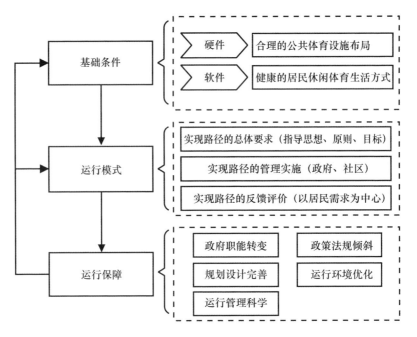

图 8－1　实现路径

相互关系的排列组合情况。在本研究中，本着公共体育设施布局与休闲体育空间之间匹配、协调与有机统一的目标，建立了包含基础条件、运行模式、运行保障三大模块的耦合机制的实现路径，每个模块包含着具体的内容，各模块之间以及模块内容之间存在密切的逻辑关系，共同保障耦合机制的实现，如图 8 - 1 所示。

第二节 改善耦合机制的基础条件

基础条件可根据其性质大致分为硬件和软件，合理的公共体育设施布局（硬件）和健康的居民休闲体育生活方式（软件）是耦合机制实现路径的基础条件。

一 硬件——合理的公共体育设施布局

（一）公共体育设施布局的基本特征

根据以往研究总结来看，空间集聚性、空间相关性和网络关联性能够较为直观地体现一个城市的公共体育设施布局情况。因此，本研究拟从以上三个方面界定公共体育设施布局的基本特征情况。

1. 公共体育设施布局的空间集聚性

空间集聚性（Institutional Thickness），又可称为机构稠密性。在本研究中主要是指在城市空间范围内存在的所有公共体育设施，以及其之间存在的相互作用关系。

以城市区域内的社区为基本统计单元，通过对公共体育设施的密度指数和比重指数进行分别计算、组合比对以及空间投射，得出公共体育设施的集聚分区表征，进而可以总结其总体结构情况。

①密度指数。某一基本统计单元内的公共体育设施密度与整个城市空间范围内的公共体育设施密度均值的比值，称为该基本统计单元内的公共体育设施密度指数（Id）。计算公式如下：

$$Id_i = \frac{Df_i}{Avg(Df_i)}, \quad i = 1, 2, 3, \cdots, n \qquad (8-1)$$

式（8-1）中，Id_i 为某一基本统计单元 i 内的公共体育设施密度指数，Df_i 为基本统计单元 i 内的公共体育设施密度指数，即基本统计单元 i 内公共体育设施数量与基本统计单元面积的比值，Avg（Df_i）为整个城市空间范围内的公共体育设施密度均值。

②比重指数。某一基本统计单元内的公共体育设施比重与整个城市空间范围内的公共体育设施比重均值的比值。计算公式如下：

$$Ir_i = \frac{Rf_i}{Avg(Rf_i)}, \ i = 1,2,3,\cdots,n \qquad (8-2)$$

式（8-2）中，Ir_i 为某一基本统计单元 i 内的公共体育设施比重指数；Rf_i 为基本统计单元 i 内的公共体育设施比重，即在基本统计单元 i 中公共体育设施数量与基本统计单元内全部公共体育设施数量的比值；Avg（Rf_i）为整个城市空间范围内的公共体育设施比重的均值。

③空间集聚程度划分。通过上述办法，对指数进行标准化处理，进而构建空间集聚程度划分的坐标系统，将 X 轴设为公共体育设施的密度指数，将 Y 轴设为公共体育设施的比重指数。以密度指数均值和比重指数均值的交汇点作为参考点，画斜率为 -1 的直线。以此为基础，将公共体育设施分布的空间单元分别划分为高度集聚区、中度集聚区和低度集聚区，具体划分标准见表 8-1。

表 8-1　　　　　　　　　公共体育设施空间集聚程度划分标准

序号	空间集聚程度	划分标准
1	高度集聚区	$Id_i \geqslant 1$ 且 $Ir_i \geqslant 1$
2	中度集聚区	$Id_i \geqslant 1$、$Ir_i < 1$ 或 $Id_i < 1$、$Ir_i \geqslant 1$，且 $Id_i + Ir_i \geqslant 2$
3	低度集聚区	$Id_i + Ir_i < 2$

2. 公共体育设施布局的空间相关性

空间相关性的计算，需要根据城市地理空间划分依据，以要素在空间单元上的自相关聚集为判别前提，应用相关指数来测度和显示公共体育设施布局的总体特征和布局情况。

第一，需要建立空间权重。结合公共体育设施布局的具体情况，本研究以距离元素为基础，建立空间权重矩阵，即基本统计单元间的质心距离为空间相互作用的决定因素。当两个基本统计单元在某一固定距离 d

以内时，计算空间权重矩阵元素 W 等于1；当两个基本统计单元在某一固定距离 d 以外时，空间权重矩阵元素 W 等于0。

第二，测定城市空间自相关水平。运用城市空间自相关指标来表达区域内公共体育设施布局属性值的整体分布状况以及要素属性的相近程度，进而判断该属性值在空间上是否存在集聚性和高值点。其中，Moran's I 是度量空间自相关水平的常用方法之一，可有效反映公共体育设施布局的空间集聚和离散程度，计算公式如下：

$$I = \frac{n \sum_{i=1}^{n} \sum_{j=1,j\neq i}^{n} w(i,j)(x_i - \bar{x})(x_j - \bar{x})}{\left[n \sum_{i=1}^{n} \sum_{j=1}^{n} w(i,j) \right] \sum_{i=1}^{n} (x_i - \bar{x})2} \qquad (8-3)$$

式（8-3）中，x_i 为各基本统计单元的公共体育设施密度，$W_{(i,j)}$ 是空间权重矩阵，如果统计单元 i 和 j 在距离 d 以内，则 $W_{(i,j)} = 1$，否则等于0。Moran's I 的取值在 [-1, 1]，Moran's I < 0，表示负相关；Moran's I > 0，表示正相关；值越大，表明自相关程度越高。Moran's I 的计算结果可分别采用随机分布和近似正态分布两种假设进行检验。如果 Moran's I 通过检验且为正值，则认为某一基本统计单元内公共体育设施可能存在高值点和集聚现象。

3. 公共体育设施布局的网络关联性

网络关联性是测量和划分公共体育设施所在各空间单元之间关联程度的指标，以各统计单元内公共体育设施数量以及公共体育设施之间的联系距离为测量指标。在基本统计单元内，任意两个单元之间的网络关联性的计算可以采用以下公式：

$$S_{ij} = \frac{Q_i \times Q_j}{R^2} \qquad (8-4)$$

式（8-4）中，S_{ij} 为统计单元 i 和 j 之间的网络关联性；Q_i 和 Q_j 分别为统计单元 i 和 j 内的公共体育设施数量；R 为统计单元 i 和 j 之间的直线距离。

分别计算统计单元 j 同各统计单元之间的网络关联性，所有基于统计单元 j 的网络关联性相加，得出统计单元 j 的总体网络关联性 S_j，计算公式如下：

$$S_j = \sum_{i=1}^{n} S_{ij} \qquad\qquad (8-5)$$

根据式（8-5），可以计算出所有统计单元的总体网络关联性，然后将计算所得的所有网络关联性值进行聚类分析，实现分级可视化输出。

（二）公共体育设施布局的影响因素

公共体育设施布局不仅要统筹规划其空间集聚性、空间相关性、网络关联性，还需要综合考虑服务人口分布、交通可达程度、居民生活水平、居民体育需求等影响因素。

服务人口分布主要是指各社区的常住人口和社区内公共体育设施数量的对比，用以测度社区内公共体育设施数量是否能够满足社区常住人口的休闲体育需要。

交通可达程度主要是指居民到达公共体育设施的方便程度，用以测度能否达到《体育产业发展"十三五"规划》中"城市15分钟健身圈"的建设要求。

居民生活水平主要是指居民可支配收入情况以及体育消费情况，即居民是否有相对充足的可自由支配收入，是否有一定数额的休闲体育消费。

居民体育需求主要用以测度公共体育设施的布局和种类是否能够满足居民对于休闲体育的现实需求，政府是否根据居民休闲体育需求规划公共体育设施。

（三）公共体育设施布局的规划建议

硬件——"串点成线"，科学规划公共体育设施布局。良好的硬件条件是耦合机制得以实现的基础条件，在公共体育设施布局的规划中，全面贯彻《"十四五"体育发展规划》以及国家、地区体育事业相关政策文件精神，在充分考虑服务人口分布、交通可达程度、居民生活水平、居民体育需求等因素的前提下，根据城市和社区的具体情况，考虑空间集聚性、空间相关性和网络关联性，合理布局公共体育设施。另外，着力改善公共体育设施布局的地理环境条件，确保公共体育设施及其周边环境优美、空气清新、安全舒适。加强公共体育设施的维护管理，定期进行公共体育设施保养，确保公共体育设施处于良好的运行和使用状态，提高居民休闲体育的使用效益。

二　软件——健康的居民休闲体育生活方式

（一）必然要求——绿色休闲体育生活方式

生产方式决定着人的生活方式。休闲体育开展的目的就是人们能够在闲暇时间进行娱乐休闲的、具有运动乐趣且放松身心的体育活动。因此，为居民提供休闲体育大环境尤为重要。而居民不当的休闲体育行为不仅达不到休闲的目的，还会导致正规以及非正规休闲体育场所遭到破坏。因此，绿色休闲体育生活方式尤为重要。通过推广绿色休闲体育生活方式，促进休闲体育空间的合理规划，最终实现休闲城市公共体育设施的合理布局。在耦合机制中，既有相交的部分，又有单独的设施布局空间，两者相互作用、相互影响。

因此，从休闲体育的本质属性以及体育产业是绿色产业、朝阳产业的基本定位可知，绿色休闲体育生活方式是健康的居民休闲体育生活方式的必然要求。绿色休闲体育生活方式通过居民参与休闲体育活动的行为入手，要求休闲体育空间与公共体育设施规划能够满足居民进行休闲体育活动的需求，在共同目标的驱使下，不断加快耦合机制的实现，最终达到居民参加休闲体育活动的目的。

（二）关键环节——合理的休闲体育消费方式

体育消费主要是指居民用于体育运动的个人财务支出，是用于提高个人体质健康状况、优化体育生活方式、提高体育运动质量的重要因素。合理的休闲体育消费是根据主体情况科学合理采用的体育消费，实现了健康、休闲的消费目的。[①] 它既是一种新的体育消费形式，也是一种休闲的消费方式。合理的休闲体育消费方式具有自由性、自主性、健康性等特点。

近年来，随着生活水平的提高和健康意识的增长，体育健身逐渐成为居民的日常活动之一，根据国家体育总局统计，2022 年全国经常参加体育活动的人数达到 4 亿人。截至 2018 年，中国体育消费市场的规模已达 0.91053 万亿元。良好的体育价值观念以及积极的运动健身态度是提高

---

① 周爱光：《体育休闲本质的哲学思考——兼论体育休闲与休闲体育的关系》，《体育学刊》2009 年第 5 期。

体育消费水平的重要决定因素，科学的健身知识体系是体育消费结构合理的关键因素。随着居民生活水平提高、余暇时间增多，参与健康休闲体育运动的居民逐渐增多，休闲体育已逐渐成为居民日常生活的常规环节之一。同时，随着居民可自由支配收入的提高，休闲体育消费也逐渐增加。因此，合理的休闲体育消费方式是健康的居民休闲体育生活方式的关键环节。

（三）重要前提——健康的休闲体育生活观念

健康的休闲体育生活观念是居民健康休闲体育生活方式形成的重要前提。休闲体育的发展离不开外在条件的变化，随着经济社会的不断发展，居民消费行为逐渐倾向于为满足个人精神需要而消费。闲暇时间不断增加，休闲体育也成为人们选择的重要生活方式之一。以往人们对体育的印象就意味着比赛和竞争、单纯的锻炼身体和增强体质，随着健康理念的宣传和科学健身知识的逐渐普及，居民对于休闲体育的认识更加深入，花费时间和金钱来提高自己生活质量的理念逐渐被接受，休闲体育也逐渐成为当今社会闲暇时间的新追求。

健康的休闲体育生活观念可以减轻生活压力，使人们摆脱工作中的焦虑，避免精神紧张，同时改善大脑的整体机能。参加休闲体育活动，对促进人们的身心健康有显著的效果，人们在闲暇时间，结合自身的身体素质选择合适的休闲体育活动，可以缓解工作的压力，有助于保持健康的体魄。因此，健康的休闲体育生活观念是健康的居民休闲体育生活方式的重要前提。

（四）健康的居民休闲体育生活方式的建议

软件——"连点成网"，提供智能化、个性化体育设施使用服务与指导，促进居民健康休闲体育生活方式的形成。具体实践路径落实中要积极推广二代健身路径、公共体育设施智能化升级，建立公共体育设施布局的网络体系，及时获取设备使用信息，并提供个性化的使用指导服务，分析公共体育设施使用的频率、效果，促进休闲体育空间的合理规划，最终实现公共体育设施的合理布局。

第三节　优化耦合机制的运行模式

政府方面，以宏观耦合为目标，优化布局政策并加强布局监督，强化公共体育设施布局的"制定目标→拟定方案→评估方案→方案实施与控制"的治理职能，改进耦合机制运行过程中的引导、指挥和协调。社区方面，以微观耦合为目标，强化社区的组织与控制职能，将耦合机制运行模式中的各个部分进行分类组合，落实到每个环节和岗位，检查运行模式各部分是否按计划进行，保证其正确性和合理性，同时解决运行模式中出现的问题，保障模式正常运行。强化公共体育设施布局与休闲体育空间耦合反馈评价，应从居民满意度出发，结合耦合机制运行的关键因素，建立一套完善的评价体系，通过评价反馈动态调整公共体育设施布局。

一　运行模式的总体要求

（一）指导思想

全面贯彻习近平新时代中国特色社会主义思想，深入落实党的二十大和党的十九届五中全会精神，贯彻落实"健康中国""全民健身"国家战略，推进"体育强国"建设，体育事业力求在群众体育、竞技体育、体育产业、体育文化等重点领域取得新突破，以提高全民族身体素养和健康水平为目标，坚持以人为本、改革创新、绿色发展、协同联动，积极探索建立具有中国特色的耦合机制，不断满足人民对美好生活的需要，为体育强国建设提供坚强后盾。

（二）基本原则

——坚持以人为本。"以人民为中心"是"十四五"时期各项事业发展的基本价值立场与发展基本面，在耦合机制的运行过程中，要时刻以人民的需求为出发点，以满足人民日益增长的体育新需求为根本目的，不断提供更新更好的服务。

——坚持改革创新。根据经济社会发展，坚持耦合机制的改革创新，将改革创新贯穿于公共体育设施布局与休闲体育空间耦合的全过程。

——坚持绿色发展。以绿色环境和资源承载为底线，构建科学布局、适度有序的公共体育设施空间格局，实现其与休闲体育空间的绿色、协调、可持续发展。

——坚持协同联动。在中国东西部协同、南北方共进、城乡一体化的空间格局框架下，深入加快建设公共体育设施布局与休闲体育空间的协同联动机制。

（三）总体目标

以居民休闲体育需求为导向，科学规划布局公共体育设施资源，建立符合中国特色的耦合机制运行模式，并通过运行管理和评价反馈，使运行模式顺利落地。

二 运行模式的管理实施

运行模式的管理实施是一个复杂的系统工程，政府和社区作为耦合机制运行的管理主体，分别承担决策与领导、组织与控制的职能，二者分工明确、密切配合，保障运行模式顺利运行。

（一）政府的决策与领导职能

政府的决策职能，主要是指为了保证耦合机制运行模式的顺利实施，在预测基础上按照最优化要求，选择方案和策略，并予以实施的过程。政府的决策职能主要包括制定目标、拟定方案、评估方案、方案实施与控制四个方面。

政府的领导职能，主要是指在耦合机制运行过程中的引导和指挥。具体说来，一是通过引导和指挥，使运行模式最大限度地实现组织目标；二是通过协调各组成部分之间的关系和行动，消除各部门的理解差异，统一思想；三是运用各种手段充分调动各部门及社区的积极性，不断提升运行模式的效果和效率。

（二）社区的组织与控制职能

社区的组织职能，主要是将耦合机制运行模式中的各个部分进行分类组合，落实到每个环节和岗位，这是落实决策的必要部分。

社区的控制职能，主要是根据运行模式的目标和任务，评估耦合机制的运行情况，并根据实际情况调整运行计划或者模式。具体说来，主要体现在两个方面：一是检查，检查运行模式各部分是否按计划进行，以及其正确性和合理性；二是调整，解决运行模式中出现的问题，保障模式正常运行。

三　运营模式的反馈评价

反馈系统是基于反馈原理建立的自动控制系统。所谓反馈，就是根据系统输出变化的信息来进行控制，即通过比较系统行为（输出）与期望行为之间的偏差，并消除偏差以获得预期的系统性能。在反馈系统中，既存在由输入端到输出端的信号前向通路，也包含从输出端到输入端的信号反馈通路，两者组成一个闭合的回路。因此，反馈系统又称为闭环控制系统。反馈控制是自动控制的主要形式。

运行模式的反馈评价是耦合机制顺利运行的必然要求，居民满意度是评价反馈的出发点，也是驱动公共体育设施布局改善和优化的第一动力。因此，应从居民满意度出发，结合耦合机制运行的关键因素，建立一套完整的评价体系。

第四节　强化耦合机制的运行保障

一　促进政府职能转变

政府职能转变的一大目标即建立服务型政府，针对体育相关部门而言，即要消除体育职能部门的过多干预以及干预不当而引发的公共体育服务治理"缺位""越位"以及"错位"现象。完善体育行业法律法规，提高监管能力；提高公共体育服务水平，强化公共服务意识；健全保障体系，提升保障职能；纠正"错位""越位"等，确保权责明晰等措施。耦合机制的运行，应采用多方合作的形式，形成政府统筹主导、高校智力支持、企业积极参与的长效机制，形成"三位一体"的基础保障。同时，应立足城市发展战略布局，科学规划清晰可行、符合城市实际情况的公共体育设施空间布局供给体系，逐步推进城市公共体育设施的合理化布局，实现城市化与公共体育设施布局相互促进、共同发展的优化循环。

二 加强政策法规供给

首先，应严格贯彻落实《中华人民共和国体育法》《关于进一步加强和改进新时期体育工作的意见》《公共文化体育设施条例》《全民健身计划纲要》《体育强国建设纲要》《全民健身计划（2021—2025 年）》等政策文件中的有关规定。其次，在制订政策法规时，应充分考虑新增公共体育设施的科学布局规划，出台切实可行的规划实施方案，对公共体育设施的数量、种类、规模和布局提出具体要求。

三 完善体育设施规划

公共体育设施布局规划应借鉴学习成熟的规划理论，学习国外公共体育设施布局规划的先进方法，在充分考虑休闲体育空间需求的基础上，从实际出发、从实效出发，运用大数据、物联网等先进技术，融入城市规划、土地资源规划等，形成动态、协调、有序的可持续性公共体育设施规划系统。

四 优化布局运行环境

实现路径的平稳运行需要良好的运行环境保障。优化运行环境主要包括四个方面：一是改善公共体育设施布局，以休闲体育空间需求为出发点，注重多样化、基础性、生活化的群众体育设施建设；二是充分发挥社区在居民休闲体育生活中的作用，大力支持培养社区休闲体育工作能力，充分发挥社区治理效能；三是改革创新运行机制，按照公共体育设施布局的具体运行路径，构建全面、立体、科学的运行保障机制，实现公共体育设施布局的稳定运行；四是多途径宣传推广休闲体育生活方式，引导、培养居民的休闲体育参与意识和参与习惯。

五 科学管理运行机制

耦合机制的运行应结合各地实际情况，将公共体育设施布局纳入公共服务总体规划，优化公共体育设施布局，通过构建等级评价标准，对优化公共体育设施布局进行科学管理，进而优化休闲体育空间布局。通过实施公共体育设施布局评价标准，能够有效管理和规划公共体育设施布局，满足居民对休闲体育空间的需求。同时，应对环境、经济、地理等进行综合考虑，进一步实现公共体育设施布局社会效益的最大化。

第五节　本章小结

本章在前期研究的基础上，构建了耦合机制的实现路径。（1）实现路径的总体设计为：包含"基础条件、运行模式、运行保障"三大模块的耦合机制实现路径，每个模块包含具体的内容，各模块之间以及模块内容之间存在密切的逻辑关系，共同保障耦合机制的实现。（2）基础条件可根据其性质分为硬件条件和软件条件，合理的公共体育设施布局（硬件条件）和健康的居民休闲体育生活方式（软件条件）是耦合机制实现路径的基础条件。（3）运行模式的管理实施是一个复杂的系统工程，政府和社区作为耦合机制运行的管理主体，分别担任着决策与领导、组织与控制的职能，二者分工明确、密切配合，保障运行模式顺利运行。（4）强化耦合机制的运行保障应做到促进政府职能转变、加强政策法规供给、完善体育设施规划、优化布局运行环境、科学管理运行机制。

附录一 公共体育设施空间布局状况 满意度调查问卷

尊敬的居民:

您好!

为了解城市公共体育设施空间布局状况,及时向有关部门反映公共体育设施规划及建设中存在的问题,并就如何进一步提高城市公共体育设施服务水平提供建议,我们制定了该问卷。本调查严格按照《统计法》规定,不涉及个人隐私,所有回答只用于统计分析。您只需根据自己的实际情况,在每个问题给出的答案中选择一个您认为正确的答案,在□中画"√"或者在"_____"上填写内容即可。您的回答将代表众多和您一样的城市居民,并将对改善您身边的体育健身环境提供帮助。

衷心感谢您的支持和协助!

《城市公共体育设施空间布局调查》课题组

一 基本情况

A1. 您的性别

(A) □ 男   (B) □ 女

A2. 您的年龄:

(A) □ 16—25 岁

(B) □ 26—35 岁

(C) □ 36—45 岁

(D) □ 46—55 岁

(E) □ 56—65 岁

（F）□ 66 岁以上

A3. 您的职业：

（A）□ 党政机关、事业单位管理人员

（B）□ 专业技术人员

（C）□ 军人

（D）□ 私营企业主

（E）□ 农业劳动者

（F）□ 学生

（G）□ 商业服务人员

（H）□ 离、退休人员

（I）□ 其他

A4. 您的月收入：

（A）□ 1000 元以下

（B）□ 1001—2000 元

（C）□ 2001—3000 元

（E）□ 3001—4000 元

（F）□ 4001—5000 元

（G）□ 5001—8000 元

A5. 您所在的社区名称是＿＿＿＿＿＿＿＿＿＿＿。

A6. 您在本社区居住的时间：

（A）□ 1—2 年

（B）□ 3—5 年

（C）□ 6—10 年

（D）□ 10—20 年

（E）□ 20 年以上

A7. 您的住房类型是：

（A）□ 住户　　　（B）□ 租户　　　（C）□ 其他

A8. 您每周参加体育活动锻炼的频率

（A）□ 从不活动

（B）□ 很少活动

（C）□ 一般

（D）□ 较多活动

（E）□ 频繁

二　公共体育设施服务满意度调查

B1. 您对济南市场公共设施的整体布局是否满意?

　　（A）□ 非常满意

　　（B）□ 满意

　　（C）□ 一般

　　（D）□ 不满意

　　（E）□ 非常不满意

B2. 您对您所在的社区里公共体育场所的数量是否满意?

　　（A）□ 非常满意

　　（B）□ 满意

　　（C）□ 一般

　　（D）□ 不满意

　　（E）□ 非常不满意

B3. 您对您所在的社区里公共体育设施的功能是否满意?

　　（A）□ 非常满意

　　（B）□ 满意

　　（C）□ 一般

　　（D）□ 不满意

　　（E）□ 非常不满意

B4. 您对您所在的社区里公共体育设施的安全性是否满意?

　　（A）□ 非常满意

　　（B）□ 满意

　　（C）□ 一般

　　（D）□ 不满意

　　（E）□ 非常不满意

B5. 您对您所在的社区里公共体育设施的种类是否满意?

　　（A）□ 非常满意

　　（B）□ 满意

（C）□ 一般

（D）□ 不满意

（E）□ 非常不满意

B6. 您对您所在的社区里公共体育设施的及时维修、护理是否满意？

（A）□ 非常满意

（B）□ 满意

（C）□ 一般

（D）□ 不满意

（E）□ 非常不满意

B7. 您对您所在的社区里公共体育设施的使用指导培训是否满意？

（A）□ 非常满意

（B）□ 满意

（C）□ 一般

（D）□ 不满意

（E）□ 非常不满意

B8. 您对您所在的社区里公共体育设施使用时的秩序维护是否满意？

（A）□ 非常满意

（B）□ 满意

（C）□ 一般

（D）□ 不满意

（E）□ 非常不满意

B9. 您对您所在的社区里公共体育设施的使用时的纠纷处理是否满意？

（A）□ 非常满意

（B）□ 满意

（C）□ 一般

（D）□ 不满意

（E）□ 非常不满意

B10. 您对本市公共体育设施的收费价格是否满意？

（A）□ 非常满意

（B）□ 满意

（C）□ 一般

（D）□ 不满意

（E）□ 非常不满意

B11. 您对您经常使用的市内公共体育设施的距离位置是否满意？

（A）□ 非常满意

（B）□ 满意

（C）□ 一般

（D）□ 不满意

（E）□ 非常不满意

B12. 您对您经常使用的市内公共体育设施的交通便利（公交车、出租车、骑行）是否满意？

（A）□ 非常满意

（B）□ 满意

（C）□ 一般

（D）□ 不满意

（E）□ 非常不满意

B13. 您对您经常使用的市内公共体育设施的环境（空气、声音）是否满意？

（A）□ 非常满意

（B）□ 满意

（C）□ 一般

（D）□ 不满意

（E）□ 非常不满意

B14. 您对您经常使用的市内公共体育设施的配套设施（自动售水机、球类租赁、物品收纳柜、医疗物品自动售卖机）是否满意？

（A）□ 非常满意

（B）□ 满意

（C）□ 一般

（D）□ 不满意

（E）□ 非常不满意

B15. 您认为政府关于本市公共体育设施布局的科学性和实施性如何？

（A）□ 非常满意

（B）□ 满意

（C）□ 一般

（D）□ 不满意

（E）□ 非常不满意

B16. 您对政府关于本市公共体育设施选址的透明度是否满意？

（A）□ 非常满意

（B）□ 满意

（C）□ 一般

（D）□ 不满意

（E）□ 非常不满意

B17. 您对政府关于本市公共体育设施选址的民主参与度是否满意？

（A）□ 非常满意

（B）□ 满意

（C）□ 一般

（D）□ 不满意

（E）□ 非常不满意

B18. 您对政府关于本市公共体育设施建设的公共财政投入是否满意？

（A）□ 非常满意

（B）□ 满意

（C）□ 一般

（D）□ 不满意

（E）□ 非常不满意

B19. 您对本市公共体育设施的建设、规划有何建议？

_____。

我们的调查结束了，再次向您表示感谢！

附录二 公共体育设施与休闲体育空间访谈提纲

问题1：公共体育设施在"全民健身""健康中国"等方面的地位和作用如何？

追问：贵处是如何确保公共体育设施作用发挥的？

问题2：贵处所管辖区域内，公共体育设施的现状如何？

追问：体育设施的数量、人均面积、使用情况等具体内容。

问题3：贵处所管辖区域内，居民休闲体育生活开展状况如何？

追问：主要的休闲体育活动内容、时间、地点等问题。

问题4：您如何看待公共体育设施与休闲体育空间的关系？

追问：贵处是如何处理两者之间关系的？

问题5：公共体育设施是居民公共体育服务重要组成内容，贵处如何安排规划、建设辖区内公共体育设施？

追问：是否有明确的文件？执行效果如何？

问题6：您对实现公共体育设施与休闲体育空间的耦合有什么建议？

参考文献

白雪、杜宾宾:《新城建设与城市空间增长:内涵、识别及限制》,《经济体制改革》2012年第5期。

卜昭明:《从日本体育设施设置的现状与变迁看日本体育运动发展动向》,《北京体育学院学报》1988年第1期。

蔡克光:《城市规划的公共政策属性及其在编制中的体现》,《城市问题》2010年第12期。

蔡朋龙、王家宏:《"有效市场"和"有为政府":公共体育资源配置市场化改革中政府与市场的三重边界》,《天津体育学院学报》2019年第3期。

蔡玉军、刘芸等:《体育地理学微观研究理论框架的设计》,《上海体育学院学报》2012年第3期。

蔡玉军、邵斌等:《城市公共体育空间结构现状模式研究——以上海市中心城区为例》,《体育科学》2012年第7期。

蔡玉军:《城市公共体育空间结构研究》,博士学位论文,上海体育学院,2012年。

蔡云楠、谷春军:《全民健身战略下公共体育设施规划思考》,《规划师》2015年第7期。

曹可强:《论政府公共体育服务供给的需求导向——以上海市为例》,《成都体育学院学报》2011年第11期。

曹连众、孙宏远:《公共产品理论视角下的我国公共体育场馆社会责任研究》,《成都体育学院学报》2011年第5期。

曹璐:《国外城市公共体育场馆服务大众体育发展经验及对我国的启示》,

《北京体育大学学报》2016 年第 10 期。

曾建明、孙剑等:《基于市民休闲体育行为的城市体育设施功能布局模式研究——以新疆乌鲁木齐市为例》,《新疆社会科学》2013 年第 2 期。

曾建明、王健:《我国大型体育场馆的空间布局研究》,《体育科学》2014 年第 7 期。

曾珍、邱道持等:《基于改进引力模型的公租房空间布局适宜性评价——以重庆主城 9 区为例》,《中国土地科学》2014 年第 1 期。

常乃军、乔玉成:《社会转型视域下城市休闲体育生活空间的重构》,《体育科学》2011 年第 12 期。

陈德旭、郭修金:《社区公共体育服务供需偏好及耦合机制构建——以上海市为例》,《武汉体育学院学报》2017 年第 11 期。

陈华荣:《实施全民健身国家战略的政策法规体系研究,《体育科学》2017 年第 4 期。

陈建设、朱翔:《县域旅游空间布局模型构建研究》,《经济地理》2012 年第 12 期。

陈礼贤:《体育场馆设施与现代化城市建设之关系》,《上海体育学院学报》1993 年第 3 期。

陈林华、薛南等:《欧美体育城市的评价指标体系探讨》,《体育与科学》2011 年第 2 期。

陈明星:《"十二五"时期统筹推进城乡一体化的路径思考》,《城市发展研究》2011 年第 2 期。

陈茜、杨潇:《成都市基本公共服务圈规划探索》,《城市规划》2013 年第 8 期。

陈显友:《大城市第三产业发展空间布局的实证研究》,《统计与决策》2014 年第 11 期。

陈秀娟:《我国群众体育的性质与供给机制研究》,《体育科学》2009 年第 1 期。

陈旸:《基于 GIS 的社区体育服务设施布局优化研究》,《经济地理》2010 年第 8 期。

陈元欣、王健:《国外关于体育场馆建设促进城市发展的观点、争议与启》,《上海体育学院学报》2011 年第 3 期。

陈元欣、王健:《我国公共体育场馆发展中存在的问题、未来趋势、域外
经验与发展对策研究》,《体育科学》2013 年第 10 期。

陈元欣、王健等:《大型体育场馆市场化运营中的政府监管》,《上海体育
学院学报》2012 年第 5 期。

陈振华:《从生产空间到生活空间——城市职能转变与空间规划策略思
考》,《城市规划》2014 年第 4 期。

程志理、刘米娜等:《公共体育资源、体育参与与公共体育服务满意度研
究》,《体育与科学》2016 年第 4 期。

程志理:《体育建筑发展的今后——来自南京全国体育建筑会议的思考》,
《体育与科学》1991 年第 3 期。

崔瑞华、王泽宇:《辽宁省公共体育设施建设与经济发展的协调性分析》,
《武汉体育学院学报》2012 年第 4 期。

代伟国、邢忠:《城市公共空间系统的构成逻辑和组织方法》,《城市发展
研究》2010 年第 6 期。

戴德胜、姚迪等:《比较与重构——中外典型社区中心空间发展模式的调
查研究》,《城市规划学刊》2013 年第 6 期。

戴健、郑家鲲等:《国家公共体育服务发展规划设计的若干思考》,《上海
体育学院学报》2014 年第 3 期。

戴健:《长三角都市群大众体育与居民生活方式协调发展研究》,《上海体
育学院学报》2013 年第 3 期。

戴永冠、林伟红:《公共体育服务概念、结构及人本思想》,《武汉体育学
院学报》2012 年第 10 期。

邓春林、王开永等:《论体育公共产品政府供给行为的负外部性》,《体育
学刊》2010 年第 7 期。

邓凌云、张楠等:《城市社区公共服务设施实施现状问题与优化对策研
究——以长沙市为例》,《城市发展研究》2016 年第 11 期。

丁冬梅、赵扬等:《城市公共体育服务设施的现实境遇与对策:一种人口
地理学视角——以重庆主城区为案例》,《西安体育学院学报》2017 年
第 1 期。

丁云霞、张林:《国外和我国台湾地区公共体育设施运用 PPP 模式的实践及其启示》,《山东体育学院学报》2017 年第 2 期。

董传升:《论中国体育发展方式的公共转向:从国家体育到公共体育》,《北京体育大学学报》2013 年第 1 期。

董德朋、袁雷等:《基于 ArcGIS 的城市中心城区公共体育服务空间:结构、问题与策略——以长春市为例》,《上海体育学院学报》2017 年第 6 期。

董德朋、袁雷等:《基于 ArcGIS 的城市中心城区公共体育服务空间:结构、问题与策略——以长春市为例》,《上海体育学院学报》2017 年第 4 期。

窦海真:《我国与发达国家城市体育场馆建设的比较研究》,《成都体育学院学报》2010 年第 3 期。

杜德瑞、王喆:《准公共品视角下高等院校体育设施定价的经济学分析》,《北京体育大学学报》2014 年第 2 期。

杜长亮、顾校飞等:《社区公共体育设施选址规划研究》,《中国体育科技》2016 年第 3 期。

段进等:《国外城市形态学概论》,东南大学出版社 2009 年版,第 34 页。

樊炳有、王家宏:《公共体育服务标准体系框架构建及运行模式》,《体育学刊》2018 年第 2 期。

樊杰、蒋子龙等:《空间布局协同规划的科学基础与实践策略》,《城市规划》2014 年第 1 期。

费潇:《区域服务业空间分层发展演变研究——以浙江省服务业发展为例》,《人文地理》2010 年第 3 期。

付冰、王家宏:《基于 CAF 的政府公共体育服务标准运行管理研究》,《体育科学》2017 年第 9 期。

付春明、陶永纯:《"患不均,更患不公":体育资源供给的"公平"与"冲突"》,《体育与科学》2017 第 4 期。

付革:《公共体育设施及其建设布局研究》,《吉林体育学院学报》2013 年第 5 期。

高军、南尚杰等:《日本公共体育设施指定管理者制度分析及启示——基于政府职能转变的视角》,《上海体育学院学报》2016 年第 6 期。

高军波、余斌等:《城市公共服务设施空间分布分异调查——以广州市为例》,《城市问题》2011 年第 8 期。

高晓波、陈淑莲等:《大型体育场馆的空间布局和功能定位及政府决策》,《体育学刊》2014 年第 2 期。

高云虹、周岩:《空间优化研究综述——动力机制、影响因素及路径选择》,《科学经济社会》2013 年第 2 期。

耿健、张兵等:《村镇公共服务设施的"协同配置"——探索规划方法的改进》,《城市规划学刊》2013 年第 4 期。

顾伟杰:《后奥运时期北京城市公共游憩空间建设与市民幸福指数关系分析》,《体育与科学》2011 年第 3 期。

顾兴全:《城市基本公共体育服务设施供给标准化研究》,《北京体育大学学报》2018 年第 3 期。

桂海辰、宋伟杰:《公共体育设施管理的意识形态问题研究——英国经验的考察及启示》,《体育与科学》2013 年第 4 期。

郭敏、刘聪等:《我国体育场地建设的发展历程及其启示》,《北京体育大学学报》2009 年第 2 期。

韩峰、郑腾飞:《空间供给外部性、经济集聚与城市劳动生产率——对中国城市面板数据的实证分析》,《上海经济研究》2013 年第 4 期。

郝利玲、方新普等:《我国公共体育服务均等化分析与发展研究》,《体育与科学》2014 年第 4 期。

何元春、谢黎红等:《厦门市体育公共服务数据挖掘及量化分析》,《上海体育学院学报》2011 年第 5 期。

贺传皎、王旭等:《由"产城互促"到"产城融合"——深圳市产业布局规划的思路与方法》,《城市规划学刊》2012 年第 5 期。

胡成、陆莉萍:《上海市与台北市市民运动中心建设规划的比较》,《体育科研》2015 年第 3 期。

胡娟、杨靖三等:《江苏公共体育服务体系示范区创建:指标体系的设计与实现》,《体育与科学》2015 年第 5 期。

胡利军、石春健等:《体育技术法规体系研究》,《北京体育大学学报》

2014 年第 1 期。

胡畔、王兴平等：《公共服务设施配套问题解读及优化策略探讨——居民需求视角下基于南京市边缘区的个案分析》，《城市规划》2013 年第 10 期。

胡畔、张建召：《基本公共服务设施研究进展与理论框架初构——基于主体视角与复杂科学范式的递进审视》，《城市规划》2012 年第 12 期。

黄杉、张越等：《开发区公共服务供需问题研究——从年龄梯度变迁到需求层次演进的考量》，《城市规划》2012 年第 2 期。

黄希发、冯连世等：《高危险性体育项目经营活动标准化建设研究》，《体育科学》2013 年第 10 期。

黄希发、郑应韵等：《体育服务业标准化体系中合格评定体系研究》，《体育科学》2013 年第 7 期。

季跃龙、李建英：《我国公共体育场馆开发利用探析》，《体育与科学》2009 年第 5 期。

简霞、韩西丽等：《城市社区户外共享空间促进交往的模式研究》，《人文地理》2011 年第 1 期。

江海燕、周春山等：《西方城市公共服务空间分布的公平性研究进展》，《城市规划》2011 年第 7 期。

姜同仁：《我国公共体育服务供给现状与结构优化对策》，《上海体育学院学报》2015 年第 3 期。

焦鹏飞、张凤荣等：《基于引力模型的县域中心村空间布局分析——以山西省长治县为例》，《资源科学》2014 年第 1 期。

焦长庚、戴健：《公共体育服务 PPP 模式发展：政府与私营部门的功能定位与权责划分》，《体育学刊》2018 年第 7 期。

金银日、姚颂平等：《基于 GIS 的上海市公共体育设施空间可达性与公平性评价》，《上海体育学院学报》2017 年第 3 期。

井厚亮、韩勇：《体育设施标准对全民健身发展的制约及对策——基于体育标准与体育伤害事故责任关系的视角》，《天津体育学院学报》2013 年第 3 期。

亢瑾、王丽娜：《城市文化规划与公共体育设施发展》，《科技经济市场》

2016 年第 8 期。

雷厉、肖淑红等：《我国大型体育场馆运营管理：模式选择与路径安排》，《北京体育大学学报》2013 年第 10 期。

黎伟、毕红星：《我国体育设施布局分析》，《体育文化导刊》2013 年第 7 期。

李宝凤：《从日本体育设施的现状看日本体育运动的发展动向》，《中国体育科技》1994 年第 9 期。

李陈、戴磊等：《上海市公共体育设施布局的时空差异研究》，《上海工程技术大学学报》2019 年第 1 期。

李华：《上海城市生态游憩空间格局及其优化研究》，《经济地理》2014 年第 1 期。

李建春、张军连等：《基于 GIS 的土地利用规划空间布局合理性评价》，《中国土地科学》2013 年第 12 期。

李井平：《政府体育公共服务职能定位及优化策略》，《体育与科学》2011 年第 3 期。

李乐、张凤荣等：《农村公共服务设施空间布局优化研究——以北京市顺义区为例》，《地域研究与开发》2011 年第 5 期。

李荣日、段娟娟等：《基于文献计量的我国体育公共产品供给模式研究》，《体育与科学》2014 年第 6 期。

李圣鑫：《体育公共服务体系建设中大型体育场馆的服务功能研究》，《成都体育学院学报》2014 年第 6 期。

李艳丽：《国外公共服务机构资产管理及其对我国公共体育场馆改革的启示》，《北京体育大学学报》2014 年第 8 期。

梁利民：《我国体育生活化探索》，北京体育大学出版社 2009 年版，第 46 页。

梁勤超、李源等：《"广场舞扰民"的深层原因及其治理》，《北京体育大学学报》2016 年第 1 期。

梁勤超、李源等：《供给侧改革视域下社区体育公共空间供需矛盾及其化解》，《天津体育学院学报》2017 年第 3 期。

廖小梅：《新馆建设浪潮中的图书馆物理空间观念变革——城市图书馆空

间变奏曲之一》,《图书馆》2010 年第 6 期。

林海、施璐:《基于 GIS 空间分析的城市公共体育设施空间优化整合研究——以沈阳市为例》,《沈阳体育学院学报》2019 年第 5 期。

刘博:《特大城市郊区社区健康公共服务设施空间布局的思考——以上海市金山区为例》,《上海城市规划》2017 年第 3 期。

刘奋山:《GIS 技术下的城市体育设施信息系统设计探讨》,《自动化与仪器仪表》2016 年第 5 期。

刘国永、彭程:《政府主导下的我国休闲体育发展举措与实施效果》,《北京体育大学学报》2012 年第 6 期。

刘国永:《全面深化群众体育改革的思考》,《体育科学》2015 年第 8 期。

刘沪杭:《住宅小区公共体育设施规划研究》,《体育文化导刊》2016 年第 4 期。

刘荃:《在碰撞中统一:体育在中国城市化进程中的作用与反作用——"体育与城市发展"论坛综述》,《体育与科学》2013 年第 1 期。

刘少和、桂拉旦:《环城地理梯度背景下的旅游休闲业空间布局结构分析——以粤港澳为例》,《社会科学家》2008 年第 5 期。

刘向南、许丹艳:《城乡统筹发展背景下的集体建设用地规划管理研究》,《城市发展研究》2010 年第 9 期。

刘欣葵:《中国城市化的空间扩展方式研究》,《广东社会科学》2011 年第 5 期。

刘峥、唐炎:《公共体育服务政策执行阻滞的表现、成因及治理》,《体育科学》2014 年第 10 期。

柳泽、邢海峰:《基于规划管理视角的保障性住房空间选址研究》,《城市规划》2013 年第 7 期。

娄峰、侯慧丽:《基于国家主体功能区规划的人口空间分布预测和建议》,《中国人口·资源与环境》2012 年第 11 期。

卢志成、刘华荣等:《公共体育事业公平发展的政府责任与对策》,《上海体育学院学报》2012 年第 4 期。

陆亨伯、张腾等:《公共体育场馆服务外包风险识别与规避机制研究》,《北京体育大学学报》2014 年第 10 期。

陆军、尹慧：《城市群条件下区域性公共产品的区位选择分析》，《中国软科学》2010 年第 8 期。

罗成书、周敏等：《都市自行车旅游慢行系统空间布局优化研究——以杭州市为例》，《地域研究与开发》2011 年第 4 期。

罗平：《日本公共体育设施运营的指定管理者制度及启示》，《上海体育学院学报》2010 年第 6 期。

罗湘林：《"学区体育"的理想构建与"场域"分割的现实困境》，《体育学刊》2008 年第 5 期。

骆秉全、兰馨等：《首都城乡体育发展一体化研究》，《体育科学》2010 年第 2 期。

骆秉全、郑飞：《首都城乡体育发展一体化指标体系与实证研究》，《体育科学》2010 年第 11 期。

吕传廷、吴超等：《从概念规划走向结构规划——广州战略规划的回顾与创新》，《城市规划》2010 年第 3 期。

吕宁：《城市公共休闲服务与管理标准体系框架研究》，《生产力研究》2011 年第 4 期。

马德浩、季浏：《英国、美国、俄罗斯公共体育服务的发展方式》，《体育学刊》2016 年第 3 期。

马慧强、韩增林等：《我国基本公共服务空间差异格局与质量特征分析》，《经济地理》2011 年第 2 期。

马涛：《产业规划：城市产业用地集约利用实现途径及其经济机理分析——基于土地空间特性的视角》，《上海交通大学学报》（哲学社会科学版）2008 年第 6 期。

马运超、孙晋海：《基于 GIS 技术的城市体育设施信息系统的设计与开发》，《北京体育大学学报》2010 年第 4 期。

苗治文、秦椿林等：《我国群众体育效率与公平的实现机制研究》，《体育科学》2008 年第 5 期。

牟春蕾：《论公共价值视野下我国公共体育服务改革取向》，《体育与科学》2014 年第 4 期。

倪敏东、罗明等：《公共开放空间中体育设施布局研究——以宁波市三江片为例》，《规划师》2018 年第 7 期。

宁津：《公共体育场馆资产改革与管理》，《经济导刊》2009 年第 1 期。

潘春宇：《城市休闲体育设施空间布局优化的机制研究——以安徽省淮南市为例》，《鞍山师范学院学报》2017 年第 4 期。

潘春宇：《社区体育空间生成与型塑机制研究》，《沈阳农业大学学报》（社会科学版）2018 年第 2 期。

潘国祥、潘俊杰：《武汉市休闲体育资源配置的现状与对策》，《武汉体育学院学报》2013 年第 8 期。

庞娟、段艳平：《我国城市社会空间结构的演变与治理》，《城市问题》2014 年第 11 期。

浦义俊、宋惠娟等：《善治视阈下公共体育服务均等化路径选择》，《成都体育学院学报》2011 年第 10 期。

齐立斌：《农村公共体育服务体系的运行机制研究》，《南京体育学院学报》（社会科学版）2010 年第 4 期。

钱伟良：《日美社区体育中心建设的比较研究——兼谈对我国社区体育中心建设的启示》，《成都体育学院学报》2010 年第 2 期。

屈胜国、屈萍等：《公私合作伙伴关系模式在我国公共体育场馆市场化改革中的应用——以广州体育馆为例》，《武汉体育学院学报》2014 年第 8 期。

任保平：《城乡发展一体化的新格局：制度、激励、组织和能力视角的分析》，《西北大学学报》（哲学社会科学版）2009 年第 1 期。

史春云、张捷等：《城市闲暇业态的空间分异研究》，《中国人口·资源与环境》2008 年第 5 期。

舒宗礼、夏贵霞：《城镇化进程中我国县域体育场馆供给机制的创新》，《体育学刊》2016 年第 3 期。

宋娜梅、罗彦平等：《体育公共服务绩效评价：指标体系构建与评分计算方法》，《体育与科学》2012 年第 5 期。

宋瑞：《休闲绿皮书》，社会科学文献出版社 2018 年版。

宋智梁、毕红星：《体育设施建设布局的经济地理学研究——体育设施网的概念、类型及其特征研究》，《成都体育学院学报》2013 年第 11 期。

孙成林、王健等：《改革开放以来我国体育设施政策的发展》，《体育学刊》2012 年第 6 期。

孙林叶：《休闲理论与实践》，知识产权出版社 2010 年版。

孙友祥：《区域基本公共服务均等化的跨界治理研究——基于武汉城市圈基本公共服务的实证分析》，《国家行政学院学报》2011 年第 1 期。

谭刚：《大型公共体育场馆公益与经营效益评估指标体系研究》，《天津体育学院学报》2008 年第 6 期。

谭建湘、周良君等：《国内公共体育场馆运营管理研究述评》，《体育学刊》2013 第 5 期。

汤际澜、徐坚：《公共体育服务的公共性研究》，《天津体育学院学报》2010 年第 6 期。

汤以文、杨薇琦等：《健康中国视角下的城市社区体育设施空间要素特征及优化策略研究——以杭州为例》，《建筑与文化》2019 年第 9 期。

唐刚、彭英：《多元主体参与公共体育服务治理的协同机制研究》，《体育科学》2016 年第 3 期。

唐柳、俞乔等：《西藏文化旅游业发展的空间布局及路径研究》，《经济地理》2012 年第 7 期。

唐湘辉：《休闲经济学——经济学视野中的休闲研究》，中国经济出版社 2009 年版，第 13 页。

田思源：《〈体育法〉修改的核心是保障公民体育权利的实现》，《天津体育学院学报》2011 年第 2 期。

田学礼、赵修涵：《城市社区公共体育设施空间居民满意度调查研究——以广州市为例》，《广州体育学院学报》2018 年第 4 期。

田至美：《体育服务设施的空间组织优化问题》，《人文地理》1995 年第 2 期。

汪波：《政府购买公共体育服务：国际经验与我国推进路径》，《上海体育学院学报》2014 年第 6 期。

汪文奇、金涛：《新时代我国体育治理格局的转型改造：由"强政府弱社会"转向"强政府强社会"》，《武汉体育学院学报》2018 年第 7 期。

汪昭兵、杨永春：《城市规划引导下空间拓展的主导模式——以复杂地形条件下的城市为例》,《城市规划学刊》2008 年第 5 期。

王北海：《基于用户研究的城市公共文化基础设施区位选择》,博士学位论文,武汉大学,2016 年。

王斌：《步入小康社会的本休闲文化》,中国社会科学出版社 2010 年版。

王达金：《城市空间结构优化：驱动因素及桂林实践》,《社会科学家》2014 年第 3 期。

王法辉：《基于 GIS 的数量方法与应用》,商务印书馆 2009 年版。

王宏起、苏红岩等：《战略性新兴产业空间布局方法及其应用研究》,《中国科技论坛》2013 年第 4 期。

王华兵、秦鹏：《论城市规划的公共性及其制度矫正》,《中国软科学》2013 年第 2 期。

王进、颜争鸣等：《大型体育场馆运营综合评价指标体系的研究及运用》,《体育科学》2013 年第 10 期。

王珏：《人居环境视野中的游憩理论与发展战略研究》,中国建筑工业出版社 2009 年版。

王凯珍、李骁天：《我国城市学校体育设施开放现状及影响因素研究》,《北京体育大学学报》2011 年第 7 期。

王来贵等：《国家自然科学基金项目申请之路——认识现象·探索规律》,科学出版社 2019 年版。

王亮、张小晶等：《公共体育设施安全研究进展和标准现状》,《体育科学》2015 年第 12 期。

王琳、朱天明等：《基于 GIS 空间分析的县域建设功能空间分区研究——以江苏省昆山市为例》,《长江流域资源与环境》2010 年第 7 期。

王凌：《文化娱乐设施集聚区建设研究》,博士学位论文,华南理工大学,2014 年。

王梦阳：《政府公共体育服务满意度绩效评估指标的构建——以上海市为例》,《体育科学》2013 年第 10 期。

王茜、何川秀玥等：《社区健身苑点均等化供给测度及空间布局优化——以上海市为例》,《天津体育学院学报》2018 年第 2 期。

王婉飞：《休闲管理》,浙江大学出版社 2009 年版。

王小娟、郁俊等：《新农村多元化公共体育服务形式实证研究》，《体育科学》2012 年第 2 期。

王学彬、郑家鲲：《基本公共体育服务标准化建设：内容、困境与策略》，《体育科学》2015 年第 9 期。

王雅洁、冯年华等：《城市闲暇空间研究进展》，《城市问题》2009 年第 3 期。

王郁、董黎黎：《快速城市化背景下公共服务设施均衡配置的政策路径——美国佛罗里达州成长管理政策的经验借鉴》，《上海交通大学学报》（哲学社会科学版）2012 年第 5 期。

王占坤：《发达国家公共体育服务体系建设经验及对我国的启示》，《体育科学》2017 年第 5 期。

王钊、谭建湘：《广州市公共体育场馆公益性开放财政补贴措施研究》，《体育学刊》2018 年第 6 期。

王智勇、郑志明：《大城市公共体育设施规划布局初探》，《华中建筑》2011 年第 7 期。

王忠杰、崔瑞华：《全民健身场馆产品属性、配置及优化策略》，《武汉体育学院学报》2012 年第 8 期。

卫大可、杨秋楠：《城市公共空间步行可达性发展对策——以哈尔滨市南岗区为例》，《规划师》2016 年第 8 期。

魏婉怡：《困境与破解：现阶段我国社区体育发展的多元审视》，《北京体育大学学报》2017 年第 12 期。

魏翔：《闲暇经济导论——自由与快乐的经济要义》，南开大学出版社 2009 年版。

文杰、文鹏：《公共体育场所运动伤害中管理人的民事赔偿责任探析》，《上海体育学院学报》2012 年第 3 期。

吴建依：《论我国公共体育设施特许经营的困境与出路》，《社会科学研究》2012 年第 6 期。

吴均：《体育生活圈耦合的社区体育设施规划探讨——基于福建省体育设施发展现状》，《福建建筑》2018 年第 8 期。

吴亚伟、代晓辉等：《安徽城市公共服务设施综合规划编制导则思路探讨》，《规划师》2017 年第 12 期。

吴志强、李德华：《城市规划原理》，中国建筑工业出版社 2010 年版。

肖辉：《北京体育设施布局演进与城市发展》，《体育文化导刊》2015 年第 10 期。

谢炳庚、曾晓妹等：《乡镇土地利用规划中农村居民点用地空间布局优化研究——以衡南县廖田镇为例》，《经济地理》2010 年第 10 期。

谢洪伟、赵克等：《城市居住社区体育场地、设施有效供给的经济学分析》，《体育科学》2011 年第 11 期。

谢英：《我国大城市体育资源分布规律研究》，《成都体育学院学报》2009 年第 5 期。

谢正阳、汤际澜等：《英国公共体育服务标准化评价模式发展历程、特征及启示》，《体育与科学》2018 年第 6 期。

熊欢等著：《体育人文社会学质性研究方法及应用》，科学出版社 2017 年版。

熊禄全、张玲燕等：《农村公共体育服务供给侧改革治理的内在需求与路径导向》，《体育科学》2018 年第 4 期。

徐小波、袁蒙蒙等：《城市游憩空间布局驱动系统探析——以扬州市为例》，《城市问题》2008 年第 8 期。

徐云杰：《社会调查设计与数据分析——从立题到发表》，重庆大学出版社 2011 年版。

许卫：《经济发达地区构建现代公共体育服务体系研究》，《江西社会科学》2012 年第 12 期。

许学强等：《城市地理学》，高等教育出版社 2012 年版。

延保东、鱼莹：《榆林市社区体育设施规划策略研究》，《经济研究导刊》2017 年第 8 期。

闫永涛、许智东等：《面向全民健身的公共体育设施专项规划编制探索——以广州为例》，《规划师》2015 年第 7 期。

杨奔、黄婧琳：《全民健身背景下广西公共体育设用地规划研究》，《中外建筑》2018 年第 11 期。

杨德智、张卫国：《山东省城乡一体化规划的探索与实践》，《城市规划》

2010 年第 4 期。

杨风华、刘洁等：《我国公共体育场馆政策法规演变研究——基于有效供给理论视角》，《成都体育学院学报》2014 年第 2 期。

杨峰：《全民健身背景下的体育设施布局规划实践——以扬州市中心城区体育设施布局规划为例》，《江苏城市规划》2017 年第 5 期。

杨国霞、苗天青：《城市住区公共设施配套规划的调整思路研究》，《城市规划》2013 年第 10 期。

杨剑、郭正茂等：《中国城市体育空间研究述评与展望》，《天津体育学院学报》2016 年第 6 期。

杨培峰、孟丽丽等：《生态导向的城市空间规划问题反思及案例研究——以绍兴袍江新区两湖区域空间发展规划为例》，《城市规划学刊》2011 年第 2 期。

杨晓晨等：《基于 SCP 范式的城市休闲体育产业成长模式研究》，北京体育大学出版社 2014 年版。

杨新海、洪亘伟等：《城乡一体化背景下苏州村镇公共服务设施配置研究》，《城市规划学刊》2013 年第 3 期。

杨雅琴：《城市化内涵、推进与公共服务：一个文献评述》，《经济体制改革》2014 年第 4 期。

杨振之、周坤：《也谈休闲城市与城市休闲》，《旅游学刊》2008 年第 12 期。

姚凯：《上海城市空间集约节约发展战略的路径探索——特大型城市转型发展的规划土地策略研究》，《城市规划学刊》2011 年第 1 期。

姚维国：《体育游戏》，人民体育出版社 2012 年版。

姚永玲、王帅：《北京市城市公共服务与人口空间分布》，《人口与经济》2014 年第 5 期。

易晓峰、刘云亚等：《2010 广州战略规划与亚运场馆布局规划》，《城市规划》2009 年第 S2 期。

尹海伟、徐建刚：《上海公园空间可达性与公平性分析》，《城市发展研究》2009 年第 6 期。

由世梁：《我国城市体育设施建设布局研究文献分析》，《西安体育学院学报》2015 年第 2 期。

游松辉、花常花等:《长三角区域体育休闲城市建设研究——基于上海的实证分析》,《北京体育大学学报》2012 年第 7 期。

游艳玲等:《社区发展规划》,科学出版社 2016 年版。

俞剑光:《文化创意产业区与城市空间互动发展研究》,博士学位论文,天津大学,2013 年。

袁新锋、张瑞林等:《公共体育设施绩效评估的英国经验与中国镜鉴》,《北京体育大学学报》2019 年第 4 期。

袁晔、郑志明等:《非城市建设用地中公共体育设施布局研究》,《住宅科技》2017 年第 3 期。

袁音、任莲香等:《公共体育服务资源空间布局指标体系的构建——以兰州新区为例》,《甘肃社会科学》2014 年第 4 期。

袁媛、吴缚龙:《基于剥夺理论的城市社会空间评价与应用》,《城市规划学刊》2010 年第 1 期。

臧超美:《中日体育场地设施兴建与管理的比较》,《北京体育大学学报》1995 年第 2 期。

张大超、李敏:《我国公共体育设施发展水平评价指标体系研究》,《体育科学》2013 年第 4 期。

张大超、苏妍欣等:《我国城乡公共体育资源配置公平性评估指标体系研究》,《体育科学》2014 年第 6 期。

张大超、杨娟:《我国政府购买公共体育服务的现实困境和发展对策》,《体育科学》2017 年第 9 期。

张峰筠、肖毅等:《城市社区公共体育设施场地的空间布局——以上海市杨浦区为例》,《上海体育学院学报》2014 年第 1 期。

张凤彪、王松:《我国公共体育服务绩效评价研究述评》,《体育科学》2017 年第 4 期。

张宏等:《休闲体育管理》,中国人民大学出版社 2015 年版。

张金桥、王健:《我国公共体育设施供给实践的内在逻辑》,《北京体育大学学报》2013 年第 8 期。

张利:《我国公共体育设施的发展及改革路径研究》,《中国体育科技》

2017 年第 2 期。

张培刚、许炎等：《居民需求导向的公共体育设施选择与空间布局》，《规划师》2017 年第 4 期。

张鹏：《我国法律文本中的权利性条款规范化设置研究》，博士学位论文，山东大学，2014 年。

张启明等：《休闲体育经营与管理》，厦门大学出版社 2009 年版。

张强、刘艳等：《我国公共体育设施规划之现存问题与应对策略研究》，《天津体育学院学报》2018 年第 4 期。

张尚权、杜水芳：《中国体育设施建设的理论研究》，《体育科学》1991 年第 1 期。

张尚权：《提高我国体育设施建设和使用的经济效果》，《体育科学》1985 年第 2 期。

张现成、黄汉升等：《我国大型体育场馆闲弃的类型、成因及对策研究》，《天津体育学院学报》2013 年第 2 期。

张小航：《公共性的回归：后新公共管理时代我国公共体育服务改革取向探讨》，《天津体育学院学报》2013 年第 4 期。

张艳粉、刘科问等：《基于 AHP 和 GIS 的中心村建设选址研究——以巩义市西村镇为例》，《地域研究与开发》2013 年第 3 期。

张云、马斌齐：《城市体育场馆规划设计研究》，《成都体育学院学报》2009 年第 3 期。

张在元：《体育与城市体育建筑及设施》，《武汉体育学院学报》1983 年第 3 期。

张忠国主编：《区域研究理论与区域规划编制》，中国建筑工业出版社 2017 年版。

赵钢、朱直君：《成都城乡统筹规划与实践》，《城市规划学刊》2009 年第 6 期。

赵国雄：《浅论体育在城市发展中的地位和作用》，《天津体育学院学报》1992 年第 1 期。

赵浩兴、李文秀：《浙江省服务业空间布局及集聚化发展研究》，《经济地理》2011 年第 5 期。

赵克、黄文仁等：《规制失灵：城市居住社区体育用地法规正当性缺失与补救》，《体育科学》2012年第3期。

赵聂：《基于DEA模型的公共体育服务绩效评价研究》，《成都体育学院学报》2008年第6期。

赵修涵：《权利冲突视域下公共体育设施使用冲突与解决》，《体育科学》2018年第1期。

赵毅、郑俊等：《新型城镇化背景下县域基本公共服务设施规划方法》，《规划师》2015年第3期。

赵毅：《罗马法中的体育与城市发展——阅读罗马法史札记》，《体育与科学》2013年第4期。

赵莹：《城市居民活动空间：基于时空行为视角的研究》，东南大学出版社2009年版。

甄峰：《基于大数据的城市研究与规划方法创新》，中国建筑工业出版社2016年版。

郑德高、闫岩：《实效性和前瞻性：关于总体规划评估的若干思考》，《城市规划》2013年第4期。

郑家鲲、黄聚云：《基本公共体育服务评价指标体系的构建》，《上海体育学院学报》2013年第1期。

郑旗、张鹏：《县域公共体育设施服务质量评价与改进：基于IPA分析与实证》，《上海体育学院学报》2015年第6期。

郑志强、陶长琪等：《我国城市大型体育公共设施供给问题研究——基于非对称信息委托代理模型的分析》，《北京体育大学学报》2012年第7期。

周爱光：《从体育公共服务的概念审视政府的地位和作用》，《体育科学》2012年第5期。

周春山、江海燕等：《城市公共服务社会空间分异的形成机制——以广州市公园为例》，《城市规划》2013年第10期。

周建新、王凯：《政府购买体育公共服务的困境与突破——基于供方与买方缺陷的视野》，《体育与科学》2014年第5期。

周结友、裴立新等：《青少年体育公共服务现状、问题与建议——来自6

省（区、市）评估调研的分析与思考》，《体育科学》2018 年第 8 期。

周良君、谭建湘：《深圳市大型公共体育场馆管理体制改革的现状与对策》，《上海体育学院学报》2009 年第 2 期。

周强、郭祖祺等：《同步小康征程中江西省城乡公共体育资源配置问题研究》，《江西科学》2016 年第 6 期。

周涛、张凤华等：《美英日城市社区体育公共服务建设经验及其对我国的启示》，《体育与科学》2012 年第 4 期。

朱宏：《基于低碳出行理念的城市社区公共体育设施规划研究》，《成都体育学院学报》2013 年第 3 期。

朱晓东、颜景昕等：《上海市日常体育生活圈的公共体育设施配置研究》，《人文地理》2015 年第 1 期。

朱毅然：《发达国家政府购买公共体育服务的经验及启示》，《天津体育学院学报》2014 年第 4 期。

朱毅然：《美国政府购买公共体育服务的经验与我国路径推进》，《西安体育学院学报》2019 年第 5 期。

庄永达、陆亨伯：《我国公共体育场馆民营化路径的障碍与发展战略研究》，《北京体育大学学报》2012 年第 3 期。

邹玉：《面向实施的超大城市体育专项规划方法研究——以上海为例》，《上海城市规划》2016 年第 4 期。

Augé, B., A. Pedenon, & A. Vernhet, *Enhancing Public Sports Facilities: A Representation of the Global Value*, *In Sport as A Business*, London: Palgrave Macmillan, 2011.

Bennett, *They Play, You Pay*, Berlin: Copernicus Books, 2012.

Bryan, *Shaping Work-life Culture in Higher Education*, New York: Routledge, 2015.

Culley, *Sports Facilities and Technologies*, New York: Routledge, 2009.

Design, B. I. A, *Olympic Architecture*, Beijing: China Architecture & Building Press, 2008.

Editors, C., *Quality of Life of Cancer Patients*, New York: Raven Press, 1987.

Fahey T. , *Quality of Life in Ireland*, Berlin: Springer, 2008.

Fayers, *Quality of Life*, West Sussex: John Wiley & Sons Inc, 2016.

Gamble, *Multinational Retailers and Consumers in China*, Basingstoke: Palgrave Macmillan, 2011.

Han, E. J. , K. Kang, and S. Y. Sohn, "Spatial Association of Public Sports Facilities with Body Mass Index in Korea", *Geospatial Health*, Vol. 13, No. 1, 2018.

Hollander, J. B. , H. Renski, C. Foster-Karim, and A. Wiley, "Micro Quality of Life: Assessing Health and Well-Being in and around Public Facilities in New York City", *Applied Research in Quality of Life*, Vol. 15, No. 3, 2020.

Hong-Na D. , Shan-Xu Y. U. , Run W. , et al. , "The Consideration on the Local Legislation Safeguard to School Sports Facilities Open to the Public", *Journal of Hebei Institute of Physical Education*, Vol. 17, No. 1, 2014.

Jenkinson C. , *Quality of Life Measurement in Neurodegenerative and Related Conditions*, New York: Cambridge University Press, 2011.

Johannesenet E. A. , *Iconic Sports Venues*, Berne: Peter Lang, 2017.

Jordan, *Quality of Life and Mortality among Children*, Dordrecht: Springer, 2012.

Kroll, *Social Capital and the Happiness of Nations*, Frankfurt: Peter Lang, 2008.

Kung, S. P. and P. Taylor, "The Use of Public Sports Facilities by the Disabled in England", *Sport Management Review*, Vol. 17, No. 1, 2014.

Lin C. , *The Research on the Development Mechanism of Sichuan Leisure Sports under the Influence of Regional Culture*, Berlin: Springer, 2012.

Long, *Public/Private Partnerships for Major League Sports Facilities*, New York: Routledge, 2013.

Lowe, *Creating Healthy Organizations*, Toronto: University of Toronto Press, 2010, p. 223.

Matsumoto, S. , T. Suzuki, H. Nogawa, et al. , "A Study on How Managers of Public Sports Facilities Managed Facilities Following the Great Eastern Japan Earthquake and Tsunami Disaster: Focusing on Current Understanding of the Kanto Area", *Journal of Japan Society of Sports Industry*, Vol. 22, No. 1, 2012.

Park, B. and K. Kim, "The Relationship Between Leisure Sports Participation and Lifestyle of Adult Women", *Journal of Coaching Development*, Vol. 7, No. 2, 2005.

Propheter, Geoffrey, "Evaluating the Public Costs of Public-Private Partnerships: The Case of Professional Sports Facilities", *Public Administration Review*, Vol. 73, No. 3, 2013.

Rosentraub, *Major League Winners*, Boca Raton: CRC Press, 2010.

Ruiheng, L., Xuelei Z., Baorong Z., "Empirical Study of the Relationship Between Leisure Sports and the Life Quality of the Young People", *Modern Preventive Medicine*, Vol. 37, No. 4, 2010.

Snow, *Creating Your Own Destiny*, Hoboken: John Wiley & Sons, 2010.

Weisgerber, *Quality of Life for Persons with Disabilities*, Valencia: Aspen Publishers, 1991.

Zhong-Jie W., Yun Y., "Ordered Modern Life and Slow Exercising Sports Lifestyle", *Journal of Physical Education*, Vol. 19, No. 6, 2012.